Olav Seidel

Wir, Gott und die Welt

Olav Seidel, 1961 in Hannover geboren, ist selbständiger Architekt, Dozent an der HWK-Osnabrück und veröffentlicht seit vielen Jahren Artikel zu gesellschaftlichen Themen. "Wir, Gott und die Welt" ist sein erstes Sachbuch, in dem er sich mit den Fragen, die ihn seit Jahren bewegen, intensiv auseinandersetzt.

Olav Seidel

Wir, Gott und die Welt

Herstellung und Verlag:
BoD-Books on Demand, Norderstedt
ISBN: 978-3-7528-6283-6

Olav Seidel

Wir, Gott und die Welt

Eine Bestandsaufnahme

Inhaltsverzeichnis

Einleitung

„Das Einfache ist nicht immer das Beste.

Aber das Beste ist immer einfach."

Heinrich Tessenow (1876–1950, Deutscher Architekt und Hochschullehrer)

Wir leben seit rund 200 Jahren über unsere Verhältnisse. Dies ist kein Vorwurf. Es ist menschlich. Es gibt auch wenig Hoffnung, dass sich daran grundsätzlich etwas ändern wird. Dabei wäre es durchaus möglich. Unsere Angst, etwas zu verpassen, wird es jedoch wahrscheinlich nicht zulassen, dabei verpassen wir genau deshalb ganz Wesentliches. Wir haben verlernt, den einfachen, aber grundlegenden Fragen des Lebens die erforderliche Aufmerksamkeit zu schenken. Für fast alle Probleme unserer Welt gibt es einfache Lösungen. Wir selbst machen die Dinge kompliziert. Viele bedeutende Menschen, angefangen von den religiösen Führern (z.B. Jesus, Buddha), den Freiheitskämpfern (z.B. Gandhi, Nelson Mandela) bis hin zu den Führern unserer so gepriesenen Wirtschaft (z.B. Steve Jobs) waren bemüht, einfache Lösungen zu finden, die vielen einen größtmöglichen Nutzen bringen sollten.

Zu vielen Fragen gibt es unterschiedliche Lösungen. Manchmal können mehrere nebeneinander bestehen, häufig wird ein gleichberechtigter Kompromiss benötigt. Unsere Wahrheit muss nicht die der anderen sein, ohne dass eine der beiden Seiten falsch urteilt.

In diesem Sinne möchte ich die nachfolgenden Gedanken und Fakten verstanden wissen.

Woher kommen wir?

Wie die Sonne und andere Planeten auch, entstand die Erde vor rund 4.600.000.000 (4,6 Milliarden) Jahren. Das sind Zeiträume, die wir uns nur schwer vorstellen können. Deshalb werden auch die nachfolgenden Zahlen, deren Dimension besonders hervorgehoben werden soll, ausgeschrieben. Seit rund zwei Millionen Jahren bevölkert der Mensch die Erde – ein verhältnismäßig kurzer Zeitraum, wenn man die Geschichte unserer Erde betrachtet. Über die weitaus längste Zeit unserer Erdgeschichte gab es also gar keine Menschen.

Die nachfolgenden Ausführungen sollen auch deutlich machen, in welch unglaublichem Tempo sich seitdem die Erde durch den Einfluss des Menschen verändert hat. Trotzdem hat es nach unserem Zeitempfinden recht lang gedauert, bis sich nennenswerte Veränderungen im Leben dieser Menschen entwickelt haben.

Erst vor 300.000 Jahren entdeckte der Mensch das Feuer für seine Nahrungszubereitung. Dadurch erweiterte sich seine Speisekarte (hauptsächlich um Pflanzen) erheblich, konnte er vorher doch viele Lebensmittel im rohen Zustand nicht verdauen. Dies ermöglicht es ihm, seine Energie, anstelle der Verdauung, seinem Gehirn bereitzustellen. Das Gehirn benötigt immerhin 25% der Körperenergie. Der Lebensraum des Menschen war klimatisch stark begrenzt. Er wurde durch die Jahreszeiten, die Wanderung der Tiere und den Wachstumszyklus der Pflanzen bestimmt.

Heute glauben wir, auf dem höchsten Stand unserer Entwicklung zu stehen und es ginge eher aufwärts. Doch Jäger und Sammler waren die intelligentesten Menschen der Geschichte. Sie wussten viel über die sie umgebenden Tiere und ihre Umwelt. Dies war für sie lebensnotwendig.

Sie waren äußerst geschickt, ernährten sich abwechslungsreich, hatten eine breite Auswahl an Lebensmitteln, hauptsächlich Obst und Gemüse, und das Fleisch der zu ihrem Speiseplan gehörenden Wildtiere hatte einen geringeren Fettgehalt als das der heutigen Nutztiere.

Wir dagegen stellen bei den Menschen in unserem Umfeld in den letzten Jahren einen zunehmenden Verlust praktischer Fähigkeiten fest. Heute gibt es ein großes, verfügbares theoretisches Wissen, aber der Einzelne kann damit im Alltag wenig anfangen. Wir ernähren uns bekanntermaßen trotz eines scheinbar reichhaltigen Angebots immer einseitiger und häufig ungesund.

Sobald die Jäger und Sammler ihre Kindheit überstanden hatten, waren sie selten krank und konnten bis zu 80 Jahre alt werden. An dieser Altersgrenze hat sich bis heute trotz aller medizinischen Möglichkeiten grundsätzlich nichts Wesentliches geändert, weshalb bezweifelt werden darf, dass sich die Lebenszeit eines Menschen, allen gegenteiligen Meinungen einiger Wissenschaftler zum Trotz, lebenswert wesentlich verlängern lässt. Überhaupt ist das Leben vieler moderner Menschen weniger lebenswert als das unserer frühen Vorfahren.

Dass die Jäger und Sammler schon so alt wurden, lag daran, dass sie, außer zu Hunden, wenig Kontakt mit Tieren hatten, auch nicht zu anderen Menschen, da sie meist in kleinen Gruppen unterwegs waren. Täglich waren sie rund 20 Kilometer in Bewegung.

Wir verbringen heute immer mehr Zeit sitzend vor dem Bildschirm, bewegen uns weniger und halten uns überwiegend in Gebäuden auf. Mancher geht nur noch mit Mundschutz aus dem Haus.

Die Bewegung versuchen wir nach dem Feierabend nachzuholen, in dem wir, wieder in geschlossenen Räumen (vorwiegend Fitness-zentren), einseitige Übungen machen und anschließend möglicher-weise noch unnötige, muskelaufbauende oder schlankmachende

Präparate zu uns nehmen.

Jäger und Sammler haben vergleichsweise wenig gearbeitet. Sie arbeiteten kooperativ mit Freunden und Verwandten und teilten ihre Ressourcen innerhalb der Gruppe gleichmäßig auf, da sie keine Vorräte anlegen konnten. Privater Besitz hatte wenig Sinn.

Heute versucht jeder für sich das Maximum zu erlangen. Wir horten zahlreiche Besitztümer, von denen wir die wenigsten wirklich benötigen und die uns zusätzlich belasten. Gemeinschaft dagegen geht zunehmend verloren.

Aber es gab auch Konflikte unter unseren Vorfahren. Begegnungen mit anderen Gruppen verliefen auch damals oft blutig. Dies hatte meist persönliche Gründe, die sich gelegentlich zu kleinen Gemetzeln aufschaukelten. Kriege, wie wir sie heute kennen, gab es jedoch nicht. Sie erfordern politische Hierarchien, die es damals nicht gab. Anführer, die anderen Gruppenmitgliedern Befehle erteilten, kannten sie nicht. Mitglieder, die sich über andere stellen wollten, wurden, wenn nötig, sogar getötet. Im Durchschnitt hatten die Jäger und Sammler vier Kinder, die ihre Frauen in großen Abständen gebaren.

Vor ca. 70.000 Jahren begann der Mensch damit, sich auf der Erde zu verbreiten und unterschiedliche Kulturen aufzubauen. Der Lebensraum wurde kleiner.

Die Bevölkerung begann zu wachsen und begab sich damit in eine Abhängigkeit, die bis heute unser Leben bestimmt. Eine Rückkehr zu den Lebensverhältnissen der Jäger und Sammler war nicht mehr möglich, da diese Lebensform die wachsende Bevölkerung nicht mehr hätte ernähren können. Der Mensch war in die entscheidende Falle getappt. Von nun an ging es um Wachstum.

Heute leben noch etwa fünf Millionen Menschen, z.T. unter unveränderten Umständen, in den tropischen Regenwäldern, wie in der Steinzeit. Ihr Lebensraum ist zunehmend gefährdet.

Mit Beginn der ortsgebundenen Landwirtschaft vor ca. 10.000 Jahren (ein Wimpernschlag in der Geschichte der Erde) änderte sich vieles und so manches wurde schlechter. Der Mensch wurde sesshaft, da er sich um seine Felder kümmern musste. Die Landwirtschaft erforderte Grundbesitz und ermöglichte Vorratshaltung. Geeignete Tiere und Pflanzen wurden domestiziert, was die Vielfalt der Nahrungsmittel verringerte und zu einer Reduzierung der Nährstoffe führte; Viehzucht entstand.

Die Bauern dieser Zeit wussten nur zu gut, dass sie die Tiere für ihre Zwecke ausbeuteten. In dieser Zeit entstanden zahlreiche Religionen, die dieses Verhalten rechtfertigen sollten und dem Menschen das Recht gaben, über den Rest der Schöpfung zu herrschen.

Im Gegenzug wurden den Göttern Tiere geopfert[1]. Mit der Sesshaftigkeit stellten sich neue Aufgaben. Die Rücklagen an Nahrungsmitteln und der Grundbesitz mussten beschützt werden, da andernfalls die Gefahr bestand, dass sich an deren Erzeugung Unbeteiligte, Einzelne oder Gruppen außerhalb der eigenen Gemeinschaft dieser ermächtigten. Es kam zu ungleichen Besitzverhältnissen, die wiederum die Entstehung einer Herrscherkaste möglich machten.

An die Stelle gleichberechtigter, egalitärer Gruppen traten ähnliche Organisationen wie Staaten, die hierarchisch organisiert und verteidigt werden mussten. Es kam zu größeren und oft blutigen Auseinandersetzungen. Städte mit beengten und schmutzigen Lebensverhältnissen und erhöhtem Aufkommen von Abfall, Abwasser und Fäkalien hatten mit sich immer schneller ausbreitenden Krankheiten zu kämpfen. Die Haustiere, die oft in allernächster Nähe zu ihren Besitzern lebten, übertrugen neue Infektionskrankheiten. Die Lebenserwartung in den Städten stieg nicht etwa, wie man vielleicht annehmen könnte, sondern sie fiel. Die vielen Menschen waren häufig schlecht ernährt und in der Folge kleinwüchsig. Ihre Verhältnisse besserten sich erst viele Generationen später, als die Betroffenen mehr Rechte erhielten und ihren Einfluss für die Verbesserung der Lebensverhältnisse geltend machen konnten. Landwirtschaft war harte Arbeit. Die Ernährung wurde einseitiger. Die Gehirne schrumpften wieder.

Kurz gesagt: Die Verhältnisse verschlechterten sich stetig. Aber es gab kein Zurück mehr. Trotzdem nahm die Landwirtschaft noch bis vor 600 Jahren lediglich 2% der Erdoberfläche in Anspruch, obwohl zwei Drittel der Weltbevölkerung Bauern waren. Die größten Siedlungen hatten meist nur wenige 100 Einwohner[2]. Heute müssen wir in den Ballungszentren die Menschen in vielen Ebenen *übereinander* in Hochhäuser unterbringen, da die Fläche nicht ausreicht.

Man versuchte, den zunehmenden Krankheiten durch die Entwicklung von Impfstoffen, z.B. gegen Pocken, aber auch durch größere Hygiene und verbesserte Haltbarkeit von Lebensmitteln Herr zu werden.

In Afrika und Asien kannte man schon vor 1000 Jahren das Verfahren der Variolation, bei der abgeschwächte Viren von Pockenkranken, die die Krankheit überstanden hatten, übertragen wurden, um ihre Mitmenschen so zu impfen, was nicht immer gelang, aber immerhin die Zahl der Pockentoten um rund 50% reduzierte. Dennoch waren in Schweden noch im Jahr 1750 allein 15% aller Todesfälle auf Pocken zurückzuführen. Medikamente waren nicht für alle erschwinglich. Die Verbesserung der Bedingungen sorgte aber erneut für einen Bevölkerungsanstieg.

Bis dahin hatte die hohe Kindersterblichkeit die Weltbevölkerung nur langsam wachsen lassen. Erst in den letzten 500 bis 1000 Jahren begann die Weltbevölkerung wieder stärker zu wachsen. Auch heute noch sind Krankheiten in einigen Gebieten der Erde eine der häufigsten Todesursachen, wie etwa die Durchfallerkrankungen in den Entwicklungsländern.

Aber erst mit Beginn der ungehemmten Nutzung von fossilen Energiequellen in den letzten 100 bis 150 Jahren explodierte die Weltbevölkerung und wächst nach wie vor. Noch 1850 waren mehr als 90% der Menschen Bauern[3].

Heute sind es in Amerika nur noch 2%. Auch die industrielle Revolution liegt, was die Zahl der Beschäftigten angeht, schon zu einem großen Teil hinter uns. Auch hier sind nur noch 20% der Amerikaner beschäftigt. Der Rest (78%) ist in Dienstleistungsberufen tätig, und die nächste, digitale Revolution ist bereits auf dem Vormarsch.

Der Verbrauch nicht erneuerbarer Ressourcen und Flächen beschleunigte sich jedoch nicht nur entsprechend dem Wachstum der Bevölkerung, wie man meinen könnte. Auch das wäre schon mehr als bedenklich gewesen wäre, da die Erde schon sehr bald an die Grenzen ihrer Belastbarkeit stieß, sondern er stieg um ein Vielfaches. Heute gibt es allein in China mehr als 150 Städte mit mehr als einer Million Einwohnern. Dies wäre nicht möglich gewesen, wenn es nicht gelungen wäre, diese Menschen auch weitgehend zu ernähren, was nur durch die Erfindung des Stickstoffdüngers gelang. Da die Herstellung von Kunstdünger abhängig ist von der Verfügbarkeit fossiler Brennstoffe (insbesondere Erdgas), aus denen der notwendige Wasserstoff gewonnen wird, könnte das Ende der fossilen Brennstoffe dazu führen, dass sich die Weltbevölkerung wieder auf ca. zwei Milliarden Menschen reduziert, was zu dramatischen Begleiterscheinungen führen dürfte.

Wachstum bestimmt bis heute das Leben der Menschen. Einmal erschaffener, vermeintlicher Fortschritt und der mit ihm verbundene Luxus ließen und lassen sich scheinbar kaum mehr umkehren. Luxus verursacht steigende Bedürfnisse, die in immer größeren, teilweise kriegerischen Auseinandersetzungen, der Ausbeutung von ganzen Kontinenten und der Vernichtung von ganzen Völkern enden.

Großen Anteil an dieser Entwicklung in der jüngeren Vergangenheit haben diesbezüglich die Kolonialherren, die vorwiegend aus Europa kamen und unter deren Folgen heute noch große Teile der Erdbevölkerung leiden. Die gewaltigen Flüchtlingsströme aus Afrika sind nur *eine* späte Folge dieser früheren Herrschaftsmächte.

Vor rund 5000 Jahren erfanden die Sumerer die Schrift; es entstanden die ersten Netzwerke, Religionen verbreiteten sich, Königreiche entstanden. Allerdings begannen die Menschen erst vor 100 bis 200 Jahren in großer Zahl zu lesen und zu schreiben. In Deutschland hatte die Übersetzung der Bibel ins Deutsche und damit die Möglichkeit, diese eigenständig zu studieren, großen Einfluss auf die weitere Entwicklung der gesellschaftlichen Strukturen. Heute müssen wir uns fast ständig mit Veränderungen auseinandersetzen. Veränderungen, die früher Jahrhunderte, wenn nicht Jahrtausende brauchten, erleben wir heute innerhalb weniger Jahre. Viele der neuen Möglichkeiten erweisen sich im Alltag zunehmend als zusätzliche Belastung. Als die Mobiltelefone sich verbreiteten, war es zunächst ein Vorteil, andere besser erreichen zu können und selbst besser erreichbar zu sein. Viele Dinge konnten mobil bereits unterwegs erledigt werden. Heute verbringen wir viel Zeit damit, Nachrichten auf unserem Smartphone oder am PC zu beantworten, die wir früher gar nicht bekommen hätten, weil es viel zu aufwendig gewesen wäre, sie über mehrere Tage per Post zu versenden. Nachrichten wurden nur versandt, wenn man etwas wirklich Wichtiges mitzuteilen hatte.

Veränderungen vollziehen sich in immer kürzeren zeitlichen Abständen. In wenigen Jahren wurden aus Menschen, die nur gelegentlich ein Telefon benutzten, Kunden mit einem festen Handyvertrag.

Vor 500 Jahren begann der Mensch damit, sich wissenschaftlich zu betätigen, wodurch der Fortschritt noch einmal deutlich an Tempo zulegte. Außerdem wurden viele ungeklärte Fragen gelöste, für die bis dahin die Religionen Erklärungen angeboten hatten.

Wo stehen wir heute?

Das lässt sich kaum mehr genau sagen, weil bereits morgen die Welt schon wieder ein ganzes Stück anders aussieht als in dem Augenblick, in dem Sie diese Zeilen lesen.

Wenn wir nur ein paar Jahre zurückblicken, lässt sich das noch besser nachvollziehen. Unsere Kindheit hat sich, ich glaube, da sind wir uns weitgehend einig, noch wesentlich anders abgespielt als die unserer Kinder, also nur eine Generation später.

Wie wir schon erfahren haben, war dies über viele Generationen eher nicht so. Kein Wunder also, dass unsere Welt heute schon entscheidend anders aussieht als die Welt zu der Zeit, mit der ich das vorherige Kapitel beendet habe.

Beschränken wir uns also zunächst auf die Fakten.

Heute gibt es rund 200 unabhängige Staaten, die jedoch kaum noch in der Lage sind, unabhängig voneinander zu wirtschaften.

Wir leben überwiegend von einigen, wenigen Pflanzenarten (Mais, Reis, Weizen, Kartoffeln, Hirse und Gerste).

Die Industrialisierung hat zu einer immer größer werdenden Spezialisierung geführt.

Berufe werden in immer kleinere Disziplinen unterteilt.

Das Angebot für die nachwachsenden Generationen wird immer unüberschaubarer.

Die Familie, die den Einzelnen Halt und Orientierung geboten hat, zerfällt.

Dies birgt große Gefahren.

Familie ist nicht alles, aber ohne Familie ist alles nichts, wie ich an anderer Stelle noch ausführen werde.

Unser Aktionsradius hat sich nahezu unbegrenzt erweitert. Während die Generation unserer Eltern zum Teil bis heute über ihre unmittelbare Umgebung nie hinausgekommen ist, haben viele von uns große Teile der Welt bereist und fremde Kulturen kennengelernt.

Die häufigsten Begriffe in der modernen Welt sind:

Geschwindigkeit, Flexibilität, Mobilität und Effektivität.

In der Folge wurden soziale Strukturen in Familien und Unternehmen zerstört.

Diese Entwicklung hat eine solche Dynamik entwickelt, dass sie viele Menschen überfordert und Ängste erzeugt, die sich in Ablehnung und Abgrenzung äußert, auch innerhalb der eigenen Gesellschaft.

Die jüngsten Entwicklungen in der EU und den Vereinigten Staaten geben dies nur in Ausschnitten wieder.

Karl Rabeder, ein Österreicher, der sein Vermögen abgegeben hat, weil er eine zunehmende Sinnlosigkeit darin entdeckt hatte, nach immer mehr Reichtum zu streben, vergleicht unsere Gesellschaft mit einer Schafherde:

„Einer (der Schäfer) bestimmt, in welche Richtung die Masse sich bewegen soll. Andere sind abgerichtet und führen die entsprechenden Befehle aus (die Hunde). Die Masse (die Schafe) bewegt sich nicht, wie es ihrer Natur entspricht, sondern so, wie die Herrscher es wollen."

Schon als Kind lernen wir, zu Hause, im Kindergarten und in der Schule zu gehorchen.

Wir werden immer stärker kontrolliert. Während meine Generation als Kinder noch halbe Tage, in den Ferien auch ganze Wochen, häufig unbeaufsichtigt unterwegs war, leben wir heute unter ständiger Beobachtung. Nicht nur, dass ganze Städte, z.T. bis in den letzten Winkel, kameraüberwacht werden, sondern auch, weil wir ständig und überall erreichbar sind.

Wenn bei unserem Smartphone der Akku leer ist, machen sich zahlreiche Mitmenschen bereits nach Stunden Gedanken, ob uns etwas zugestoßen ist, weil wir nicht erreichbar sind. Leute, die ihr Handy freiwillig ein paar Tage abgeben, informieren ihre Bekanntenkreise bereits vorher darüber, um größere Verwirrung zu vermeiden.

Befriedigung wird in Form von Konsum erreicht (Spiele, Events, Urlaub, Musik, Drogen, Essen und Trinken).

Unsere Fantasie wird immer seltener angeregt. Dies ändert sich bei vielen bis zum Ende ihres Lebens nicht mehr wesentlich.

Das Netzwerk „Attac", das sich für eine Verbesserung der Lebensbedingungen von Menschen einsetzt, hat sehr anschaulich beschrieben, in welcher Welt wir unterwegs sind:

„Falls Du heute Morgen gesund und nicht krank aufgewacht bist, bist du besser dran als 1 Millionen Menschen, welche die nächste Woche nicht erleben werden.

Falls du nie einen Kampf des Krieges (persönlich) erlebt hast, nie die Einsamkeit der Gefangenschaft, die Agonie (einen länger andauernden Todeskampf) des Gequälten oder Hunger gespürt hast, dann bist du glücklicher als 500 Millionen Menschen der Welt.

Falls du deine Religion ausüben kannst, ohne die Angst, dass dir gedroht wird, dich zu verhaften oder dich umzubringen, bist du glücklicher als 3 Milliarden Menschen der Welt.

Falls sich in deinem Kühlschrank Essen befindet, du angezogen bist, ein Dach über dem Kopf hast und ein Bett, bist du reicher als 5,5

Milliarden Menschen auf dieser Erde.

Falls du ein Konto bei der Bank hast, etwas Geld im Portemonnaie und etwas Kleingeld in einer Schachtel, gehörst du zu den 8 Prozent der wohlhabenden Menschen auf dieser Welt."

Für die meisten von uns sind dies alles vermutlich Selbstverständlichkeiten.

Nicht wenige müssen im Internet entsprechende Plattformen aufsuchen, wo ihnen Vorschläge gemacht werden, was sie anderen zum Geburtstag schenken oder sich selbst wünschen könnten. Eigentlich müssten wir doch im wahrsten Sinnen des Wortes „wunschlos glücklich" sein. Stattdessen suchen wir ständig nach mehr Befriedigung.

Dieser Entwicklung gilt es sich in allen Lebensbereichen und in allen Bevölkerungsschichten aktiv entgegenzustellen.

Junge Leute nehmen heute ihre Umgebung zunehmend eingeschränkt wahr. Die Kreativität, Lösungen für Probleme des täglichen Lebens zu finden, geht ihnen immer mehr verloren. Ihre Aufmerksamkeit beschränkt sich auf ausgewählte Themen. Dadurch geht ihnen praktische Intelligenz, die wir lange als selbstverständlich erachtet und der wir daher wenig Wertschätzung entgegengebracht haben, mehr und mehr verloren. Die scheinbare Verfügbarkeit allen Wissens ersetzt jedoch nicht deren Anwendung.

Intelligenz wird allgemein als kognitive Leistungsfähigkeit beschrieben. Zu den kognitiven Fähigkeiten gehören u.a. auch die Wahrnehmung, Problemlösung und Kreativität.

In unserer Gesellschaft wird jedoch zunehmend „Kognition" mit „Denken" gleichgesetzt.

Dies ist ein sehr einseitiger Intelligenzbegriff, der die Anforderungen an unsere Gesellschaft nicht ausreichend darstellt.

Schwache haben in unserer Leistungsgesellschaft häufig keinen

Platz. Singles suchen sich ihre Partner bei Partnervermittlungen und den Nachwuchs aus der Retorte (natürlich nur von Studenten). Designerbabys mit ausgewählten Fähigkeiten sind keine allzu ferne Illusion mehr.

Kinder mit Down-Syndrom haben da weniger Chancen.

90% der Frauen mit dieser Diagnose beenden die Schwangerschaft.[1] Ich erlaube mir kein Urteil über diese Frauen, sie entscheiden jedoch über Leben und Tod und den Wert von Menschen, die den heutigen Ansprüchen scheinbar nicht genügen.

Wer Menschen mit Down-Syndrom einmal selbst erlebt hat, kommt nicht auf den Gedanken, dass sie ein weniger lebenswertes Leben führen als gesunde Menschen. Zweifellos brauchen sie eine intensivere Betreuung, die nicht jeder ohne Weiteres gewährleisten kann. Aber können wir dies, wenn wir gesunde Kinder zur Welt bringen? Wissen wir heute in unserer schnelllebigen Zeit, ob unserer Leben so weiter verläuft, wie wir es geplant haben?

Welche Bedürfnisse hat der Mensch?

Denken Sie einfach einmal darüber nach, welche Bedürfnisse Sie haben, wenn Sie morgens aufwachen und welche im Laufe des Tages, eines Monats, Jahres und schließlich bis zu Ihrem Lebensende hinzukommen.

Diese Bedürfnisse können, je nachdem, wo Sie geboren wurden, schon innerhalb einer Stadt, eines Landes oder auch nur aufgrund der sozialen Verhältnisse in Ihrer Familie sehr unterschiedlich sein.

Alle Menschen befriedigen jedoch zunächst Ihre Grundbedürfnisse.

Man unterscheidet körperliche Grundbedürfnisse (auch „biologische Grundbedürfnisse" genannt), wie

- Essen und Trinken,
- Schlaf,
- Atmung (saubere Luft)
- Wärme (Kleidung),
- das Bedürfnis nach Sicherheit, Schutz vor Gefahren und Ordnung (Regeln, Gesetze),
- eine geeignete Unterkunft,
- Gesundheit und
- das Bedürfnis nach sozialen Beziehungen, Partnerschaft, Liebe, Fürsorge und Kommunikation.

Herrschaftsformen wie der Kommunismus haben diese Grundbedürfnisse lange Zeit ausreichend befriedigen können und deshalb erstaunlich lange überlebt, denn ohne Befriedigung dieser Grundbedürfnisse lässt sich ein Volk, auch mit Gewalt, nicht dauerhaft kontrollieren.

Alle Probleme dieser Welt haben damit zu tun, dass eines oder mehrere dieser Grundbedürfnisse nicht ausreichend befriedigt werden. Sogar Hitler hat im Zweiten Weltkrieg darauf geachtet, dass die Versorgungslage im Deutschen Reich nie wirklich schlecht war.

Im Speziellen gehören zu den Grundbedürfnissen auch der Wunsch nach Veränderung, Anerkennung, Freiheit, Selbstbestimmung und Selbstachtung.

Dabei reden wir bisher noch nicht von Luxusbedürfnissen, wie sie die westliche Welt prägen.

Menschen, die ihre Grundbedürfnisse nicht befriedigen können, sind meistens bereit, dafür zu kämpfen. Deshalb wird es keinen dauerhaften Frieden geben, solange die überwiegende Mehrheit der Weltbevölkerung um die Befriedigung ihrer Grundbedürfnisse kämpfen muss.

Auch die zunehmenden sozialen Unterschiede in der westlichen Gesellschaft werden die Bereitschaft, für Grundrechte zu kämpfen, wieder wachsen lassen.

Wenn eine Rentnerin nach einem Arbeitsleben weniger als 700 Euro Rente bekommt, sind maximal die Grundbedürfnisse unserer Gesellschaft befriedigt.

Der Mensch ist an sich genügsam und weitgehend zufrieden, wenn seine Grundbedürfnisse befriedigt werden, was ja in vielen Teilen der Welt, im Gegensatz zu unserem Lebensraum, nicht gelingt. Die Grundbedürfnisse weichen aber z.T. erheblich voneinander ab, da sich jeder ständig mit seiner unmittelbaren Umgebung vergleicht. Werbung vermittelt ihm den Eindruck, seine Umgebung würde sich anders verhalten als er. Sie kleidet sich anders, fährt ein anderes, größeres Auto, hat ein schöneres Haus, ernährt sich üppiger usw. Dies führt zu teilweise seltsamem Verhalten.

Mir erschließt sich beispielsweise nicht, was so erstrebenswert daran sein soll, sich bis zu 30 Minuten anstellen zu müssen, wenn man in einem der vielen Hamburgerlokale überteuerte Burger, in sehr begrenzter Auswahl und auf unbequemen Bänken serviert bekommt. Immerhin muss man in den asiatischen Lokalen, in denen man für einen Festbetrag per Tablet bestellen und zeitlich begrenzt so viel essen kann, wie man schafft, wenigstens für nicht verzehrte Speisen eine Zusatzgebühr entrichten.

Fallen Vergleiche weg, wie es über Jahrzehnte in Teilen des Ostens der Fall war, vergleicht der Mensch sich nur mit seiner wahrnehmbaren Umgebung, der es auch nicht besser geht als ihm. Die Ostdeutschen haben ihre Verhältnisse jedoch vielfach mit denen im Westen verglichen, die ihnen, trotz aller Bemühungen seitens der DDR-Regierung, nicht vorenthalten werden konnten.

Fehlende Vergleiche führen natürlich zu einem anderen Konsumverhalten, die Wirtschaft schrumpft.

Diese Option kommt in unserem Denken nicht vor. Die Wirtschaft muss wachsen.

Die Frage ist, ob sie das wirklich muss und was passiert, wenn sie das nicht mehr kann, weil kein entsprechendes Angebot mehr hergestellt werden kann. Spätestens, wenn die fossilen Energieträger verbraucht sind, wird sich das Angebot reduzieren und Wachstum nur noch begrenzt und in Teilbereichen möglich sein. Dies wird die Unterschiede und mit ihnen die Konflikte vergrößern.

Häufig wird argumentiert, wir könnten nichts ändern, weil in unserer globalen Wirtschaft alle mitmachen müssen.

Das ist grundsätzlich nicht falsch, die Frage ist nur, ob wir nicht umgekehrt durch nationale Vorgaben die globale Wirtschaft zwingen können, sich unseren strengeren Vorgaben anzupassen.

Wenn wir beispielsweise Vorgaben hinsichtlich des Stromverbrauches von Geräten machen, wird sich der Hersteller, für den Deutschland ein wichtiger Markt ist, überlegen, ob er zwei Produkte mit unterschiedlichem Stromverbrauch entwickelt oder eines mit geringerem Verbrauch, das er überall anbieten kann.

Brauchen wir noch Gesellschaft(en)?

Was für eine Frage, werden Sie denken. Und Sie haben Recht. Jeder Mensch braucht Gesellschaft. Lange Zeit wäre deshalb diese Frage auch völlig abwegig gewesen. Die Frage ist, wohin wir uns entwickeln. Die meisten Menschen meiner Generation (ich bin Jahrgang 1961) sind wahrscheinlich in Familien aufgewachsen. Wenn man dort niemanden fand, der Zeit für einen hatte, ging man einfach nach draußen. Dort hat man immer jemand gefunden, der auch gerade Gesellschaft suchte. Meistens bekam man eine Zeit mit auf den Weg, wann man wieder zu Hause zu sein hatte (in der Regel zu den Mahlzeiten oder wenn es draußen dunkel wurde). Verabredungen traf man höchsten für den nächsten Tag. Alle anderen Verabredungen (z.B. für das Wochenende oder die nächsten Ferien) trafen die Eltern für einen. Telefoniert wurde nur in dringenden Fällen, z.T. musste man sogar telegraphieren, alles andere wurde per Brief oder Postkarte erledigt.

Manche hatten schon ein Fernsehgerät, auf dem aber nur drei Programme liefen; für Kinder gab es in der Regel nur das Nachmittagsprogramm, das man bestenfalls bei Regenwetter schauen durfte. Ansonsten gab es Radios.

Dies hat sich geändert. Heute kommuniziert man ständig über die verfügbaren sozialen Medien, auch wenn man eigentlich nichts mitzuteilen hat. Gesprochen wird dabei immer seltener, wenn man mal von Sprachnachrichten absieht. Niemand geht mehr einfach auf die Straße. Man würde in den meisten Fällen auch niemanden dort antreffen. Für Kinder wäre das auch viel zu gefährlich. Die werden stattdessen heute von den Eltern zu allerlei Veranstaltungen gebracht. Mit dem Auto selbstverständlich, auch wenn es sich in einigen Fällen nur um kurze Distanzen handelt.

Verabredungen mit sozialen Gruppen werden oft kurzfristig abgesagt.

Mein Sohn ärgerte sich als engagierter Trainer einer Jugendfußballmannschaft jede Woche über die fehlende Zuverlässigkeit der Jugendlichen, beim Training oder Spiel zu erscheinen. Die Begründungen für ihr Fehlen waren teilweise frei erfunden, sofern sie sich überhaupt abmeldeten.

Es bilden sich immer mehr Randgruppen in unserer Gesellschaft, die sich durch außergewöhnliche Ansichten oder Regeln von ihrer Umgebung abgrenzen.

Unsichere, schwache Menschen fühlen sich von solchen Gruppen angezogen, geben sie ihnen doch das Gefühl von Sicherheit.

In Deutschland gelten 4.000.000 (4 Millionen) Menschen als alkoholabhängig.[1]

Weitere vier Millionen Menschen leiden an Depressionen und ca. 10.000 begehen jährlich Suizid, weltweit sind es sogar fast 1 Million jährlich.[2] Depressionen sind die häufigste Ursache von Suizid.

Suizid begeht man, wenn man für sich keinen Ausweg mehr sieht, sei es aus gesundheitlichen Gründen (hier ist nur eine begleitende Hilfe möglich, sofern es sich nicht um heilbare Krankheiten handelt) oder aus einer scheinbar aussichtslosen Lebenssituation.

Es sollte möglich sein, die meisten Menschen aus dieser Sackgasse zu befreien.

Dazu bedarf es funktionierender sozialer Kontakte, Freund- und Partnerschaften, die diese Bezeichnung in ihrer ursprünglichen Bedeutung verdienen und nicht nur als Modebegriff verwendet werden. Was sind 100 Freunde auf Facebook wert, wenn ich mit kaum einem einen persönlichen Kontakt pflege?!

Vielleicht vertraue ich mich zwar aus dieser Anonymität einem solchen Freund sogar eher an als einem wahren Freund, vor dem es mir unangenehm ist, mein scheinbares Versagen im Leben zuzugeben. Die Frage ist nur: Hilft mir dieser „Freund" dann auch oder flüchtet er vor der Verantwortung?

Wir missbrauchen die gewonnene Freiheit, um Schaden anzurichten, zu betrügen, unsere Mitmenschen zu verraten und herabzuwürdigen. Fairness, Fürsorge und sozialer Instinkt, Respekt und Anerkennung gehen immer mehr verloren.

Wenn unsere Beziehungen unseren Erwartungen nicht entsprechen, arrangieren wir uns nicht damit. In Partnerschaften wird nur noch zehn bis zwölf Minuten am Tag miteinander gesprochen, im Gegensatz zum stetig steigenden Medienkonsum, der bereits mehrere Stunden am Tag ausmacht.[3] Wir arbeiten nicht an der Verbesserung unserer Partnerschaft, sondern beenden die Beziehung und versuchen, unsere Ansprüche in einer neuen Partnerschaft zu realisieren.

Im Zweifelsfall suchen wir vorübergehend Befriedigung in den zahlreichen Alternativangeboten der Freizeitindustrie oder bei einem anderen Event, zu dem ja selbst die Abholung von Neuwagen oder unser Mittag- und Abendessen geworden sind.

Die Familie als kleinste Einheit und älteste Gesellschaft in der Menschheitsgeschichte geht allmählich verloren, obwohl *sie* die Voraussetzung für ein glückliches Leben ist.

Glück lässt sich nicht erarbeiten, nicht kaufen, nicht festhalten oder einsperren.

Die Evolution hat dafür gesorgt, dass wir nie *zu* glücklich oder *zu* unglücklich sind. Beides würde unser Überleben als Spezies gefährden. Trotzdem laufen wir dem Wohlstand als vermeintlichem Ersatz für Glück fast blind hinterher und machen uns meist unbemerkt immer abhängiger vom Erfolg, dessen Definition wir selbst ständig den Möglichkeiten anpassen und damit die Latte unbemerkt immer ein wenig höher hängen als für uns kurzfristig erreichbar.

Die Fälle von Arbeitsunfähigkeit in Deutschland haben sich zwischen 2005 und 2012 laut dem Deutschen Gewerkschaftsbund verneunfacht (!). Immer mehr Menschen gehen immer früher aus psychischen Gründen vorzeitig in den Ruhestand.

In der Geschichte der Menschheit haben die Gesellschaften immer auch auf dem Glauben an unbezahlbare Werte, wie Moral, Ehre und Liebe, beruht.

Diese Werte sind an sich nicht käuflich.

Das Vertrauen ist in der modernen Gesellschaft immer mehr verloren gegangen.

Mit dem Mangel an finanziellem Vermögen sinkt in unserer Gesellschaft auch das Vertrauen in die betroffenen Personen.

Man hat den Eindruck, dass Menschen mit Gewissen in unserer Gesellschaft immer öfter zu Außenseitern werden.

Möglicherweise werden sie als Verräter empfunden.

Unsere Gesellschaft ist davon überzeugt, alle Probleme technisch lösen zu können.

Das geht so weit, dass man alte Leute nicht betreuen, sondern technisch überwachen will. Es sind Systeme in der Entwicklung, sogenannte „Alltagsunterstützende Assistenzlösungen" (AAL), die z.B. Stürze erkennen und Hilfestellungen einleiten.

Natürlich geht es dabei in erster Linie um Geld. Das erwartete Umsatzpotenzial liegt bei geschätzten 87.000.000.000 (87 Milliarden) Euro.

Wahrscheinlich werden diese Menschen dann von selbstfahrenden Autos abgeholt und ins nächste Krankenhaus gebracht, wo sie dann von einem Roboter operiert werden.

Vielleicht wollen diese Menschen aber auch gar nicht überleben, weil sie offensichtlich nur zur Umsatzsteigerung gebraucht werden und sich sonst niemand für sie interessiert.

Wie alt werden wir?

In den meisten Fällen nicht alt genug. Wenn man einmal davon absieht, dass jeder Verlust einer geliebten Person schmerzlich ist, kann man heute davon ausgehen, dass in jedem Fall alles nur

Erdenkliche getan wird, um das jeweilige Leben zu verlängern. Der Einzelne wird in der Regel nicht einmal gefragt.

In Deutschland ist es gar nicht möglich, freiwillig aus dem Leben zu scheiden, wenn man selbst nicht mehr dazu in der Lage ist, sein Leben zu beenden. Stattdessen werden, nicht selten mit großem technischen Aufwand, alle Möglichkeiten zur Aufrechterhaltung des bisweilen gar nicht mehr lebenswerten Zustandes ausgeschöpft, und sei es auch nur, um das Leben für wenige Tage zu verlängern.

Auch zu meiner Kindheit war es natürlich schmerzlich, einen nahen Angehörigen oder Freund zu verlieren, es war jedoch gleichzeitig auch nicht ungewöhnlich, wenn jemand vor dem Erreichen seines 70. Lebensjahres verstarb. Curd Jürgens (1915-1982) fand es gar ungewöhnlich, dass er nach eigenem Bekunden mit 60 Jahren noch kein bisschen Weisheit erlangt hatte. Er hat es immer vorgezogen „den Jahren mehr Leben zu geben und nicht dem Leben mehr Jahre".[1]

Der Körper erneuert alle Zellen innerhalb von sieben Jahren. Trotzdem werden wir älter und sterben eines Tages. Dabei geht nur die Materie verloren, unsere Energie wird nur umgewandelt und bleibt erhalten.

Niemand weiß natürlich, wann sein Leben endet, sofern man es nicht selbst beendet.

Trotzdem haben wir aufgrund statistischer Erhebungen eine Lebenserwartung. Diese ist nicht überall gleich. Auch zwischen Männern und Frauen gibt es Unterschiede, die sich aber immer stärker ausgleichen.

Im vergangenen Jahrhundert stieg die Lebenserwartung in den reichen Ländern um 30 Jahre.

Arme Menschen, davon jährlich allein zwei Millionen Kinder, sterben dagegen immer noch an Krankheiten, die sich durch Impfstoffe vermeiden ließen.

Auch heute noch ist in Indien, das nicht mehr zu den armen Ländern zählt, die *Hälfte* der Kinder massiv unterernährt und 25% leben noch immer von weniger als einem Dollar am Tag.

In den reichen Ländern sterben die meist älteren Menschen überwiegend an Herz-Kreislauf-Erkrankungen (Schlaganfall, Arteriosklerose, Herzinfarkt etc.) und an Krebs.

Südafrika, von dem man glaubt, dass es sich nach dem Ende der Apartheid weiterentwickelt hat, liegt bei der Lebenserwartung noch immer am unteren Ende, was nicht zuletzt mit der immer noch enormen Einkommensungleichheit zusammenhängt.

Ca. 25% der Kinder in vielen armen Ländern der Welt (in den ärmsten sogar über 50%) erleben nach wie vor ihren fünften Geburtstag nicht. Dies bedeutet, dass deren Eltern, die nicht selten zwischen fünf und sieben Kindern bekommen, mindestens den Tod eines ihrer Kinder erleiden müssen.

Was dies bedeutet, kann ich aus eigener Erfahrung beurteilen. Meine Mutter hat den Verlust eines ihrer Kinder (meines Bruders) vor ihrem eigenen Lebensende als ihr größtes Leid empfunden.

In Russland ist die Lebenserwartung nach dem Zusammenbruch des Kommunismus sogar gesunken, was auf den gleichzeitigen Zusammenbruch von Versorgungsstrukturen und dem übermäßigen Alkoholkonsum zurückzuführen ist.

Der Gesundheitszustand der Bevölkerung in Russland ist beängstigend. Die HIV-Ansteckungsrate ist weltweit die höchste. Auch die Häufigkeit tödlicher Gewaltausübung, die mit dem ebenfalls weltweit unerreichten Alkoholkonsum einhergeht, ist beachtlich.

Gute gesundheitliche Versorgung ist natürlich ein wesentlicher Baustein für eine hohe Lebenserwartung. Diese wiederum hängt nicht unwesentlich von den wirtschaftlichen Bedingungen im jeweiligen

Land ab.

Geld allein ist jedoch nicht die einzige Ursache für bessere Gesundheit und hohe Lebenserwartung, auch wenn es schon erkennbare Zusammenhänge zwischen Lebenserwartung und Einkommen gibt. Umgekehrt sind auch in der westlichen Welt Einschränkungen bei der Gesundheit aus Kostengründen keine Ausnahme.

Die USA, die mehr für Gesundheit ausgeben als jedes andere Land, haben beispielsweise keine höhere Lebenserwartung als beispielsweise Costa Rica oder Chile.

Bildung spielt auch eine nicht unwesentliche Rolle im Zusammenhang mit dem Gesundheitszustand der Menschen.

Die Globalisierung hat nicht nur die Möglichkeiten zur Behandlung von Krankheiten verbessert, sie hat auch nicht unwesentlich zur Ausbreitung von Krankheiten beigetragen.

Längst vergessen (aber vielleicht schon schneller wieder Realität, als uns recht wäre) ist die Tatsache, dass in Großbritannien in den 1970er Jahren die Briten, die das 50. Lebensjahr überschritten hatten, beispielsweise aus Kostengründen von der Dialyse ausgeschlossen hat, da sie „eh schon ein bisschen gebrechlich" waren und die Kosten sich daher nicht lohnten.[2]

Welche Macht haben die Medien?

Die Medien, und dazu muss man zunehmend auch die sozialen Medien zählen, haben die Macht inzwischen weitgehend übernommen. Während man noch zu meiner Kindheit viele Informationen erst Tage später aus der Zeitung oder dem Radio, vereinzelt auch aus dem Fernsehen, erhielt, ist man heute in der Regel nahezu in Echtzeit über alle wesentlichen Veränderungen informiert. Dies führt auch dazu, dass Entscheidungen häufig nicht korrigiert werden können, wenn man sie nicht unter Verschluss hält.

Zeitungen sind häufig schon zu langsam und werden von jungen Leuten immer seltener gelesen, zumal in Papierform. Radio hört man bestenfalls noch im Auto oder auf der Baustelle, Fernsehen ist „old school" und wird allenfalls noch am Computer konsumiert. Das Angebot ist allerdings auch erschreckend schlecht, was nicht bedeutet, dass die Alternativen besser wären. Die Ansprüche steigen ständig und können nicht selten nur noch durch immer mehr Aufwand befriedigt werden.

Wer sich den Einfluss der Medien einmal anschaulich bewusst machen möchte, dem empfehle ich das Buch des ehemaligen Bundespräsidenten Christian Wulff („Ganz oben – Ganz unten"), der in einer beispiellosen Hetzjagd der Medien aus dem Amt gedrängt wurde. Ich fand dieses Buch gut ein Jahr nach seinem Erscheinen auf dem Wühltisch einer angesehenen Buchhandlung in Osnabrück, der Heimatstadt von Christian Wulff, deutlich preisreduziert, für drei Euro. Man war in der Republik längst mit anderen Themen beschäftigt.

Die Macht der Medien wird immer bedeutender. Das Internet hat diese Entwicklung noch einmal extrem beschleunigt. Dadurch sind die Menschen viel stärker beeinflussbar als noch von wenigen Jahren.

In meiner Kindheit war es schon etwas Besonderes, wenn man einen Fernseher besaß.

Es gab drei Programme, alle öffentlich-rechtlich und damit auch damals schon abhängig.

In der Kindheit meiner Eltern hatte noch nicht einmal jeder ein Radio. Wenn man im Zweiten Weltkrieg etwas über den wahren Kriegsverlauf wissen wollte, musste man ausländische Sender empfangen können, und auch dort wurde aus Gründen der Propaganda nicht selten die Unwahrheit berichtet.

Die Generation meiner Großeltern war im günstigsten Fall durch Zeitungen informiert, die häufig erst Tage später über bereits zurückliegende Ereignisse berichten konnten.

Heute können wir in jederzeit fast überall auf der Welt aktuelle Nachrichten, größtenteils mit Ton und Bild, von fast jedem Ereignis bekommen. Das hat häufig Vorteile, birgt aber eben auch zunehmend Gefahren.

Staaten haben immer größere Probleme damit, solche Medien zu beeinflussen. Dies hat zweifellos zahlreiche Vorteile, führt aber auch dazu, dass Dinge in ihrer Bedeutung verzehrt werden.

Gefahren werden über- oder unterschätzt. So wurde beispielsweise der BSE-Seuche über Wochen in den Medien so viel Aufmerksamkeit verschafft, dass man sich kaum noch traute, Rindfleisch oder auch nur Produkte zu sich zu nehmen, in denen Teile von Rindern verarbeitet wurden.

Tatsächlich waren die Gefahren vergleichsweise gering. Es sind nämlich weltweit genauso viel Menschen an BSE-verseuchtem Fleisch umgekommen, wie solche, die Lampenöl getrunken haben, was verständlicherweise in den Medien überhaupt nicht vorkam[1], also eine verschwindend geringe Anzahl.

Selten auftretende Ereignisse werden häufig überschätzt, weil ihnen in den Medien eine größere Aufmerksamkeit geschenkt wird, als ständig auftretende Ereignisse, die aber viel nachhaltiger unser Leben beeinflussen.

In Deutschland fühlen sich viele Bürger schlecht informiert, obwohl wir den öffentlich-rechtlichen Rundfunk mit 8.000.000.000 (8 Milliarden) Euro ausstatten.

Dieses Gefühl trügt nicht. In den Rundfunkräten kontrollieren die von den Parteien gestellten Politiker die Sender.

Tatsächlich informieren sich vor allem junge Leute zunehmend über andere Quellen, was auch nicht unproblematisch ist, da es immer schwerer wird, Quellen wie das Internet zu kontrollieren. Genau deswegen werden diese Quellen aber auch verstärkt genutzt, um gerade junge Menschen zu manipulieren.

Bei der Meinungsbildung, sei es durch die Medien, die Politik oder durch beides, geht es um Macht, nicht um ergebnisoffene Auseinandersetzung mit den Themen unserer Zeit.

Geht es nicht um Macht, dann geht es um Geld. Die Werbung ist bereits in den Schulen angekommen. Schulleiter haben offenbar kein Problem damit, Veranstaltungen im schulischen Bereich von Firmen sponsern zu lassen.

Auf den Urkunden, die den Kindern nach einer Sportveranstaltung übergeben werden, steht dann: „Der DFB und McDonald`s gratulieren..." und keiner merkt, wie er manipuliert wird.[2]

In Ländern wie China unterliegt das Internet einer Zensur, und auch in Russland hat man kritische, ausländische Verlage gezwungen, sich wieder aus dem Land zurückzuziehen.

Private Sender müssen kommerziell arbeiten und sind daher ebenso interessengesteuert.

Was unterscheidet uns Europäer von den US-Amerikanern?

Üblicherweise sind, wenn man von der „westlichen Welt" spricht, Europa und Nordamerika gemeint, weil man davon ausgeht, dass hier etwa die gleichen Werte praktiziert und eine ähnliche Kultur gepflegt wird. Man unterstellt im Großen und Ganzen vergleichbare

Lebensverhältnisse.

Tatsächlich haben insbesondere die US-Amerikaner großen und in den letzten Jahrzehnten wachsenden Einfluss auf unser Leben in Europa. Unsere Werte und unsere Kultur unterscheiden sich aber z.T. erheblich von denen der US-Amerikaner, wie sich an vielen Stellen meiner Ausführungen immer wieder belegen lässt.

Der Schein trügt schon länger, nicht erst seit Donald Trump zum Präsidenten der Vereinigten Staaten gewählt wurde.

Die USA ist ein religiös geprägtes Land, das stark von Freikirchen beeinflusst wird, was zu einer eher staatsfeindlichen Haltung in der Neuen Welt geführt hat. Die Ursachen findet man in der Geschichte der USA. Viele Menschen wanderten aus Europa in die USA ein und schlossen sich verschiedenen Sekten an, weil sie in Europa im Widerspruch zur staatlichen Ordnung standen. Dies führte in der Folge auch dazu, dass in den USA mehr Menschen gesellschaftlich ausgegrenzt werden, wenn sie sich nicht aktiv einer Idee oder einer Gemeinschaft angeschlossen haben.

Einen kulturellen Zusammenhalt oder eine staatliche Identität, wie sie in Europa geschichtlich gewachsen sind, kennt man in den USA eher nicht. Deshalb hat die Gerichtsbarkeit in den USA einen deutlich höheren Stellenwert, garantiert sie doch die individuellen Rechte und damit die Sicherheit und Anerkennung des Einzelnen.

Der Amerikaner hat daher auch weniger Probleme damit, gewachsene Strukturen und Grundsätze, wie wir sie aus Europa kennen, zu verwerfen und neue Ansätze zu suchen.

Dies führt häufig dazu, nicht langfristig zu denken und eher seltener dazu, Kompetenzen an überstaatlichen Organisationen abzugeben bzw. deren Entscheidungen anzuerkennen.

Beispielsweise werden Medikamente wesentlich schneller am Markt zugelassen, auch wenn ihr Nutzen nicht immer erwiesen ist.

Die Zahl der Todesfälle durch Gewaltanwendung liegt in den USA viermal höher als in der EU. Die Selbstmordrate von Kindern (!) ist in den USA doppelt so hoch wie in den übrigen 25 reichsten Ländern der Erde zusammen, und die Zahl der Gefängnisinsassen ist in den USA fast achtmal so hoch wie in den Mitgliedstaaten der EU.

Auch die Unterschiede beim Umweltschutz sind in den zurückliegenden Jahren auffälliger geworden. Es bleibt abzuwarten, wie sich beide Teile der westlichen Welt in Zukunft entwickeln. Die wirtschaftlichen Abhängigkeiten Europas von den US-Amerikanern sind groß, aber man sollte sie nicht so bedingungslos wie in der Vergangenheit in Kauf nehmen.

Brauchen wir Datenschutz?

Noch vor nicht allzu langer Zeit wäre diese Frage stürmisch bejaht worden. Erstaunlicherweise hat das Interesse am Datenschutz mit der Nutzung und Verbreitung von Daten in den vergangenen Jahren deutlich nachgelassen.

Vermutlich liegt dies daran, dass man den Überblick längst verloren hat und sich nur schwer vorstellen kann, inwieweit die Datenflut überhaupt noch beherrschbar ist.

Genau das ist das Problem, und eine Antwort fällt mit jedem Tag schwerer.

Vielleicht wird man eines Tages berichten, dass mit der Verbreitung des Internets ein neues Zeitalter begann, wenn dies überhaupt noch in Frage gestellt werden kann, da es sich jetzt schon deutlich zeigt.

Inzwischen nutzen über 3.000.000.000 (3 Milliarden) Menschen das Internet.

Immer mehr geben Daten von sich preis, die eigentlich niemanden etwas angehen.

Einerseits ziehen wir uns im Zeitalter der Medien immer mehr in Private zurück und legen aber gleichzeitig, teilweise ungewollt, vielen unsere intimsten Gedanken offen.

Bereits 2010 wurde auf der Cebit ein Video gezeigt, wo eine junge Frau mit einem Smartphone die biometrischen Merkmale von dem Gesicht eines jungen Mannes erfasst, die dann mit den im Internet verfügbaren Fotos abgeglichen wurden und so zu weiteren Informationen, z.B. in sozialen Netzwerken, führten.

Dies ist nur ein Weg, nahezu alles über einen Menschen in Erfahrung zu bringen.

Persönliche Kontakte werden seltener.

Selbst Partner fürs Leben sucht man erfolgreicher im Internet.

Dieser Technik sind mit ihrem Vordringen in unseren Alltag fast keine Grenzen mehr gesetzt.

Rauchmelder könnten künftig, mit Kameras ausgestattet, bis in unsere Schlafzimmer vordringen. Falls das nicht gelingt, kann man notfalls Minidrohnen für den gleichen Zweck einsetzen. Jedes Gerät, das uns Daten übermittelt, kann technisch so ausgestattet werden, dass es auf dem gleichen Wege auch Daten von uns sammelt.

Darüber sollte sich jeder im Klaren sein, der diese Geräte nutzt, also wir alle.

Mit jeder App geben wir mehr von uns preis.

Viele dieser Daten werden in erster Linie für Werbe- und Marketingzwecke verwendet, obwohl die wenigsten damit einverstanden wären, wenn man sie vor die Wahl stellen würde. Da dies aber praktisch niemand macht, lehnen sich nur die wenigsten dagegen auf.

Im Zweifelsfall suchen sich die Unternehmen das Land mit den geringsten gesetzlichen Einschränkungen beim Missbrauch der von ihnen gesammelten Daten, wie zuvor schon bei den Themen

Steuern, Umwelt- und Verbraucherschutzstandards.

Ein junger Österreicher kam 2011 auf die Idee, seine Datenschutzrechte bei Facebook einzufordern und beantragte Auskunft darüber, welche Daten das Unternehmen über ihn gesammelt hat.

Nachdem der Fall öffentliche Aufmerksamkeit bekam, erreichte ihn nach anfänglicher Weigerung eine DVD mit 1.222 DIN-A4-Dokumenten und einer Auflistung aller von Facebook über ihn gesammelten personenbezogenen Daten.

Dabei wurde Hunderte Datenschutzrechte verletzt.[1] Es drängt sich der Eindruck auf, dass die Regierungen beim Thema „Datenschutz" nicht mehr mit der Entwicklung Schritt halten können.

Das Europäische Parlament braucht, wie z.T. auch andere demokratische Regierungen, Jahre, um entsprechende Gesetze auf den Weg zu bringen, die dann schon nicht mehr aktuell sind.

Trotzdem ist es Ländern wie China in der Vergangenheit gelungen, seine Bürger von den meisten ungewollten Informationen fernzuhalten, auch wenn es immer mehr Chinesen gelingt, die Zensur zu umgehen. Vielleicht sind unsere demokratischen Strukturen den heutigen Anforderungen nicht mehr gewachsen. Aber wo sind vertretbare Alternativen?

Fakt ist jedoch auch, dass die Regierungen selbst immer stärker auf Daten zur Verbrechensbekämpfung angewiesen sind und daher nur ein bedingtes Interesse am Datenschutz haben können.

Natürlich machen es sich Politiker zunutze, dass Daten im Umlauf sind, die zur Verbrechensbekämpfung und Aufklärung nützlich sein könnten.

Dies ist ein Teufelskreis, der noch erheblichen Einfluss auf unsere Lebensgewohnheiten nehmen wird.

So müssen nach dem Vorratsdatenspeicherungsgesetz die wesentlichen Daten der Teilnehmer an mobil geführten Telefonaten, von Internetnutzern vier Wochen und die von SMS-Nachrichten sogar zehn Wochen gespeichert werden.

Im Gegenzug werden Polizeistationen vernachlässigt. Sie sind selten mit der neuesten Technik ausgestattet und personell häufig unterbesetzt.

Ziel muss es bleiben, dass jeder Mensch über die Freigabe seiner Daten selbst entscheiden kann und dass die gesellschaftlichen Rahmenbedingungen dies sicherstellen. Dafür müssen auch in demokratischen Ländern Wege gefunden werden. Daten, die nicht für die Nutzung des jeweiligen Dienstes benötigt werden, sollten nicht ohne Zustimmung der Nutzer abgefragt werden dürfen.

Stattdessen verselbstständigen sich die Geheimdienste und gefährden so unsere Demokratie.

Daten machen an Grenzen nicht halt, die Gesetze schon.

Es besteht die Gefahr, dass durch das Internet die Gewalt in die entlegensten Winkel der Welt transportiert wird, in Gegenden, die nicht ausreichend darauf vorbereitet sind, weil ihnen die notwendige Bildung und Aufklärung fehlt.

Im Internet fehlen verbindliche Regeln und Beschränkungen. Die Verfügbarkeit von ungeprüften Informationen macht uns zunehmend bequem und führt immer mehr dazu, dass wir zu faul sind, uns ein eigenes Bild zu machen. Wir werden leichter beeinflussbar. Eine Tatsache, die enorme Gefahren in sich birgt.

Ganz unabhängig davon führt der vermehrte Gebrauch des Internets oder von Smartphones, die ja immer seltener zum Telefonieren verwendet werden, zu mindestens suchtähnlichem Verhalten.

Dies wird konsequent von fast allen Nutzern geleugnet, mit denen ich darüber spreche, und bestätigt sich damit gewissermaßen selbst, denn Leugnen ist das notwendige Wesen von Süchtigen, ohne dass sie nicht süchtig werden würden, wie Wissenschaftler herausgefunden haben.

Unvorstellbar, welche Folgen eine derartige Zahl von mehr oder weniger süchtigen Menschen haben könnte. Es ist kaum nachvollziehbar, dass Jugendliche ihre gesamten Ersparnisse für ein Smartphone neuster Bauart ausgeben, nur weil diese vermeintlich etwas mehr Funktionen hat als das bereits in ihrem Besitz befindliche.

Wir dürfen nicht übersehen, dass Maschinen keine Moral haben.

Wollen wir eine Welt, in der wesentliche Werte immer mehr verlorengehen?

Wie moralisch sind wir noch?

Ich vermute, die meisten von uns halten sich für moralisch. Dies trifft sicher auch zu, nur stellt sich das bei jedem ein wenig anders dar, da es mit unserer Moral nur dann vereinbar ist, wenn sie uns nicht bei unseren Interessen im Wege steht, und unsere Interessen werden immer umfangreicher.

Moral ist also sehr beliebig geworden, und nicht jeder versteht darunter das gleiche.

Wir müssen einsehen, dass uns Grundrechte nur zustehen, wenn wir auch Verantwortung übernehmen und, wo immer es nötig ist, auch unsere Pflichten erfüllen.

Den heutigen Menschen beschäftigen an erster Stelle seine nächste Urlaubsplanung, Tipps zur Gesundheit oder den Haushalt, Garten und seine Freizeitgestaltung.

Bei Entscheidungen wird immer seltener abgewogen, welche Pflichten und Folgen eine Entscheidung mit sich bringt, vielmehr wird der individuelle Vorteil zum wesentlichen Kriterium.

Verantwortung scheint mir in der modernen Gesellschaft bei gleichzeitig steigenden Ansprüchen für das eigene Wohl immer mehr abhanden zu kommen.

Mir begegnen fast täglich Menschen, die viel Geld verdienen wollen, um sich einen immer größeren Wohlstand zu sichern, sich aber um die notwendigen Entscheidungen und deren Folgen weitgehend drücken.

Der eigentliche Sinn, Waren und Dienstleistungen zum Wohle aller zu erzeugen, wurde durch individuelles Gewinnstreben abgelöst.

Die Moral hat in unserer Gesellschaft an Bedeutung verloren. An ihre Stelle tritt immer häufiger der rücksichtslose und egozentrische Missbrauch von Freiheiten, der mit Selbstverwirklichung verwechselt wird.

Wer aus diesem Irrtum aufwacht, wird sich erschrecken.

Grenzenloser Liberalismus führt zu exzessivem Individualismus. Gleichheit, die nur vom Staat geschaffen wird, schränkt die individuelle Freiheit ein.

Was sind wir für eine Gesellschaft, in der Tausende von befruchteten Eizellen im Klinikmüll landen?!

Die junge Gesellschaft versteht unter Werten: Emanzipation, Mitsprache und Mitbestimmung. Klassische Werte wie Disziplin, Ordnung und Einfügen in soziale Strukturen lehnt sie hingegen teilweise sogar ab[1].

Kürzlich kam ich auf dem Weg nach Hause an eine Unfallstelle, an der die Straße auf der gegenüberliegenden Fahrbahn durch die Rettungsfahrzeuge blockiert war. Der Fahrer des Fahrzeugs vor mir hielt freundlicherweise an, um Autos, die sich hinter den Rettungsfahrzeugen aufgestaut hatten, an der Unfallstelle vorbeizulassen.

Dies sollte er bald darauf bereuen, denn umgekehrt ließ ihn nun so lange keiner mehr passieren, bis er sich deutlich sichtbar auf die ihm nun entgegenkommenden Fahrzeuge zubewegte, ganz zu schweigen davon, dass sich auch nur einer der Fahrer für sein Entgegenkommen, beispielsweise durch Handzeichen, bedankt hätte.

Kaufleute, die heute rücksichtslos die Märkte beherrschen, fühlten sich seit dem Mittelalter bis noch vor wenigen Jahren besonderen ethischen Regeln verpflichtet, die nicht unwesentlich zu ihrem hohen Ansehen beitrugen.

Dazu gehörten Fachwissen, Organisationstalent, politischer Weitblick, Ehrlichkeit, Nachhaltigkeit, Bescheidenheit und Einsatz für Bedürftige.

Davon ist vielfach nur noch wenig zu bemerken. „Märkte sind von Grund auf unmoralisch. Leute mit Skrupel haben in diesem Umfeld keine Chance", sagt Georg Soros, einer der bedeutendsten Finanzexperten unserer Zeit.

Man hat das Gefühl, dass in vielen Unternehmen die alten Werte abgeschafft worden sind.

Es wird zu kurzfristig gedacht.

Erfolg hat langfristig aber nur der, der nachhaltig wirtschaftet.

Ökonomen schneiden bei einschlägigen Tests zu Fairness und Sozialverhalten um vieles schlechter ab, als Studenten anderer Fachrichtungen.[2]

Welche Rolle spielt die Familie heute noch?

Die Familie ist die älteste Form der Gesellschaft überhaupt. Lange Zeit war sie auch fast die einzige. Diese Form der Gesellschaft ist immer mehr verloren gegangen.

Familien pflegen immer seltener einen lebenslangen Zusammenhalt.

Dies hat unterschiedliche Gründe. Zunächst ist es für die Familiengründer, sprich Mann und Frau, einfacher geworden, sich zu trennen. Dies ist sicher auch eine Errungenschaft, der man viel Positives abgewinnen kann. Dazu kommt, dass man heute beruflicher viel flexibler sein muss und daher auch räumlich häufig von der Familie getrennt lebt. Kinder lassen sich heute auch zunehmend fremdversorgt aufziehen. Es fragt sich nur, ob uns nicht auch viel verloren gegangen ist.

Ohne Hierarchien kommt unsere Welt trotz Verbesserung der Menschenrechte, Emanzipation, Gleichberechtigung und Demokratie nicht aus. Dies ist in der Geschichte der Menschheit, nachdem sie sesshaft wurde, nie anders gewesen, genauso wie es in jeder Gesellschaft immer eine Bevorzugung der Männer gegenüber den Frauen gegeben hat.

Dies ist nicht auf die durchschnittlich größere Muskelkraft der Männer zurückzuführen, wie man möglicherweise annehmen könnte, denn dann müssten jüngere Menschen auch über ältere herrschen, da sie ihnen ja körperlich überlegen sind. Tatsächlich ist erwiesenermaßen das Gegenteil der Fall.

Untersuchungen haben zwar ergeben, dass Männer von Natur aus eher zu Aggression und Gewalt neigen[1], aber das hat sie nicht als Führer qualifiziert.

Schon bei den Jägern und Sammlern führten nicht die Stärksten, sondern die mit der größten Sozialkompetenz die Gruppe.

In der Tierwelt dagegen herrschen nicht zwangsläufig die Männchen. Bei Elefanten beispielsweise beherrschen die Weibchen mit starken sozialen Netzwerken die Gruppen.

In der Geschichte der Menschheit sind die Frauen deshalb auf Männer angewiesen gewesen, weil sie während der Schwangerschaft und der Betreuung ihrer Kinder auf ihre Hilfe angewiesen waren.

Der Mensch ist eine Frühgeburt. Sein Nachwuchs ist, anders als bei den Tieren, noch längere Zeit nach seiner Geburt auf die Hilfe der Mutter angewiesen gewesen, während der Vater sich um die Nahrungssuche und den Schutz der Familie kümmerte.

Den Frauen blieb daher nichts anderes übrig, als sich seinen Regeln zu fügen. Dies blieb so bis weit ins letzte Jahrhundert und hat sich in vielen Teilen der Erde bis heute nicht geändert.

Dies führte dazu, dass die Frauen, die am fügsamsten und fürsorglichsten waren, größere Überlebenschancen hatten und ihre Gene an die nächste Generation weitergaben.

Erst in der allerjüngsten Geschichte haben sich einige Gesellschaften so entwickelt, dass die Frauen unabhängiger von diesen Aufgaben und Abhängigkeiten wurden und sich aus der Vormundschaft der Männer befreien konnten. Diese Entwicklung ist grundsätzlich zu begrüßen und entspricht unserem heutigen Selbstverständnis.

Sie ist, wie vieles in unserer Zeit, jedoch zu schnell, geradezu überfallartig, auf die Frauen und die Männer zugekommen.

Die genetischen Veranlagungen der Frauen (und Männer) müssen sich dieser Entwicklung noch über längere Zeit allmählich anpassen, bis sie der gewollten Entwicklung entsprechen.

Deshalb sind moderne Lösungen, bei denen der Mann die Erziehung der Kinder zu Lasten seiner beruflichen Tätigkeit übernimmt, auch heute noch längst nicht flächendeckend gesellschaftlich akzeptiert.

Viele Frauen befinden sich folglich in einem Zwiespalt, da sie einerseits ihrer natürlichen Rolle als Mutter und anderseits der von der Gesellschaft erwarteten Karriere nacheifern.

Viele werden daher erst nach ihrer Ausbildung und einigen Jahren im Beruf, also vergleichsweise spät, Mutter.

Die fehlende Attraktivität der Mutterrolle liegt in ihrer zunehmend mangelhaften Anerkennung.

Wir sollten den Frauen, die sich in der traditionellen Rolle als Mutter wohlfühlen, die Chance geben, diese auch anzunehmen. Meine eigene Mutter hat, solange sie ihre vier Kinder um sich hatte, nie ein Geheimnis daraus gemacht, das sie sich in der Rolle absolut wohl gefühlt hat. Gleichwohl hat sie die Abhängigkeit vom Einkommen meines Vaters stets gestört, obwohl sie dankbar war, die Verantwortung für die finanzielle Versorgung abgeben zu können. In einer modernen Gesellschaft sollte es möglich sein, diesen Zwiespalt zu überwinden und einvernehmliche Lösungen für beide Partner zu finden.

Die fehlende Anerkennung der Mutterrolle führt dazu, dass beispielsweise auf 1000 Geburten in Berlin über 200 Abtreibungen kommen[2] – eine sehr bedenkliche Entwicklung, gerade in Zeiten, in denen Empfängnisverhütung kein Problem in einer modernen Gesellschaft sein sollte!

Dabei ist nicht jeder, der nicht produktiv für die Gesellschaft tätig ist, automatisch unproduktiv. Die Rolle der Mutter ist für die Gesellschaft von größter Bedeutung. Rein wirtschaftlich betrachtet schaden nämlich Frauen der Gesellschaft langfristig mehr, wenn sie zugunsten der beruflichen Karriere auf Kinder verzichten. Sie mehren eher ihren *eigenen* finanziellen Wohlstand.

Die Folgen durch den fehlenden Nachwuchs, auch wirtschaftlicher Art, kann man schon heute an vielen Stellen beobachten.

Allein im Handwerk fehlen unzählige Lehrlinge.

Immer mehr Stellen werden von Migranten übernommen, die nicht selten schlecht ausgebildet oder sogar nur angelernt sind, keine ausreichenden Sprachkenntnisse mitbringen und das verdiente Geld nicht selten zur Unterstützung ihrer Familie außerhalb Deutschlands einsetzen, wodurch es unserer Wirtschaft verloren geht.

Wie Umfragen ergeben haben, lehnt es kaum eine Frau ab, wie

traditionell üblich, hofiert zu werden.

Häufig sind Eitelkeit und Selbstgefälligkeit die Motive für die Frau (aber sicher auch für viele Männer), auf die Gründung einer Familie zu verzichten.

Immer weniger junge Menschen wollen eine feste Verbindung eingehen, und wenn sie es doch wagen, geben sie sehr schnell, häufig zu schnell, auf. Über die Hälfte aller Großstadtehen scheitern. Anderseits nehmen aber auch nur 5% der Väter Elternzeit in Anspruch und verzichten somit zugunsten ihrer Frauen auf die optimale, bestmögliche Karriere.

Die Politik hat es bisher nicht geschafft, Karriere in Verbindung mit der Gründung einer Familie möglich zu machen. Einige Familien sind da weiter als Politik und Gesellschaft und haben das, unabhängig von den Erwartungen, für sich geregelt.

Trotzdem bringen in den meisten Haushalten, in denen beide Partner berufstätig sind, die Männer mehr Geld nach Hause, sogar wenn beide Vollzeit beschäftigt sind.

Dabei sind die Gehaltsunterschiede unter Berufseinsteigern, allen anderslautenden Behauptungen zum Trotz, eher minimal.

Frauen arbeiten auch dann häufiger Teilzeit oder gar nicht, wenn sie gar keine Kinder haben. Tatsächlich arbeiten nur 43% der kinderlosen Frauen in Vollzeit.

Bekommen sie jedoch Kinder, müssen sie im Gegensatz zu den Männern beruflich zurückstecken. Daran wird auch in Zukunft keine gesetzliche Regel etwas ändern.

Wenn sie in Teilzeit arbeiten, können sie selbstverständlich auch seltener verantwortliche Positionen erreichen, als von der Politik gefordert.

Frauen reagieren allgemein emotionaler als Männer, was in verantwortlichen Positionen nicht immer von Vorteil ist.

Nach meinem persönlichen Eindruck wollen Frauen viel häufiger, als man ihnen unterstellt, die Vorzüge ihrer traditionellen Rolle für sich in Anspruch nehmen und vorzugsweise ihre Hobbys und sozialen Kontakte pflegen. Dies ist nicht grundsätzlich zu verurteilen, nehmen sie doch traditionell häufig auch wichtige, gesellschaftliche Aufgaben wahr.

Die Frauen sollten dies jedoch umgekehrt auch als Privileg anerkennen. Viele tun das auch, wenn man sie privat danach fragt.

Der Haushalt beansprucht heute die Frauen, im Gegensatz zu den Zeiten vor der Emanzipation, nur noch zeitlich begrenzt.

Auch ihre höhere Lebenserwartung ist, unabhängig von den hormonellen Vorteilen der Frauen, sicher auch auf ihre Rolle in der Gesellschaft, jenseits des Stresses und der Risiken des Berufslebens, zurückzuführen. Dies wird sich in Zukunft jedoch weitestgehend angleichen.

Frauen akzeptieren in der Regel auch kein geringeres Gehalt bei ihren Partnern. Ein untrügliches Zeichen dafür, dass sie zu einem großen Teil noch unbewusst an dem alten Rollenverhalten festhalten.

Ein wesentlicher Grund für Gehaltsunterschiede zwischen Männern und Frauen scheint mir jedoch, dass sich Frauen nachgewiesenermaßen in Gehaltsverhandlungen weniger gut durchsetzen als ihre männlichen Kollegen[3].

Das Bild unserer Gesellschaft hat sich in vielen Bereichen verschoben.

Frauen sind heute wesentlich selbstbewusster und nicht selten der entscheidende Teil in der Partnerschaft, wenn sie auch gern bei der Umsetzung ihrer Entscheidungen den Männern den Vortritt lassen.

Selbst bei körperlichen Auseinandersetzungen haben die Frauen aufgeschlossen, wie Studien zeigen.

Jede dritte Ehe in Deutschland wird geschieden, in Großstädten sogar jede zweite.[4]

In den USA sind 70% der über 35-jährigen Frauen schon einmal fremdgegangen.[5] Bei den Männern sieht es auch nicht besser aus.

Im Trennungsfall haben es heute die Frauen, die das Sorgerecht bekommen (und das ist nach wie vor die große Mehrzahl) und während der Kindererziehung nicht berufstätig waren, schwer, wirtschaftlich zurechtzukommen.

Dies führt zu einer Schieflage, die es dringend zu korrigieren gilt.

Die Eltern sollten bis zum Abschluss der Berufsausbildung weiter beide für den Unterhalt aufkommen müssen, dabei sollten die Erziehungszeiten als Aufwand angerechnet werden.

Umgekehrt müssten dann die Männer aber auch die gleichen Chancen bekommen, das Sorgerecht zu erhalten.

Männer haben jedoch auch heute noch wenige Möglichkeiten, sich im Fall der Trennung gegen den Willen der Mütter um ihre Kinder zu kümmern, obwohl 2010 die dafür erforderlichen gesetzlichen Regelungen geändert wurden.

Fakt ist, dass es insbesondere in Deutschland ca. zehnmal so viele alleinerziehende Mütter gibt wie alleinerziehende Väter und dass das gerichtlich verfügte Umgangsrecht der Väter häufig von der Mutter nicht eingehalten wird.[6]

Besser wäre es natürlich, wenn sich die Eltern gar nicht erst trennen.

Bedauerlicherweise sind wir heute eine Gesellschaft von Einzelgängern, obwohl der Mensch ein soziales Wesen ist, das ohne den Umgang mit anderen nicht überleben kann.

Wissenschaftler haben herausgefunden, dass Männer in Gesellschaft sogar besser schlafen (Frauen allerdings eher nicht).

Viele Krankheiten haben keine erkennbare Ursache. Sie treten häufiger bei alleinlebenden Menschen auf.

Die Ursachen für diese Krankheiten lassen sich durch die Evolution begründen.

Vorfahren, die sich nicht auf die Gruppe verlassen konnten, mussten aufmerksamer sein, was zu einem erhöhten Anteil an Stressmolekülen führt.

Wir haben es verlernt, Konflikte friedlich und konstruktiv zum beiderseitigen Nutzen auszutragen, und gehen ihnen daher lieber aus dem Weg.

Ohne Streitkultur gibt es keine Partnerschaft. Wir müssen Auseinandersetzung wieder als notwendig erkennen und zulassen.

Ohne Abhängigkeit gibt es keine Gemeinschaft und somit kein erfülltes Leben. Abhängigkeit ist also an sich nicht negativ, solange wir dazu nicht gezwungen werden.

Verheiratete Menschen leben länger und gesünder (mit Kindern sogar noch gesünder als ohne).

75% aller Scheidungskinder (die Zahlen schwanken zwischen zwei und 4,5 Millionen), sind zum Zeitpunkt der Trennung ihrer Eltern noch jünger als drei Jahre.

Sie leiden unter der Trennung ihrer Eltern, die mehrheitlich von den Frauen ausgeht.

Viele Scheidungskinder leben in Armut, insbesondere, wenn sie bei alleinerziehenden Müttern aufwachsen. [7]

Den Vätern geht es wirtschaftlich in der Regel besser, obwohl deren geschiedene Frauen sich überwiegend weigern, Unterhalt zu zahlen.

Jugendliche, die bei alleinerziehenden Elternteilen (wie gesagt, meist bei den Müttern) aufwachsen, sind fünfmal mehr suizidgefährdet, 14 mal mehr potentielle Vergewaltiger, zehnmal mehr drogensüchtig und 20 mal mehr gefährdet, im Gefängnis zu landen.[8]

In den USA stammen zum Teil weit mehr als die Hälfte aller jugendlichen Selbstmörder, Häftlinge, Drogensüchtigen, schwangeren Teenager, obdachlosen Kinder/Ausreißer und Schulabbrecher aus vaterlosen Familien.[9]

Auch in Deutschland sind die meisten Heimkinder Scheidungskinder.[10]

Die Folgen dieser Trennung machen sich auch noch als Erwachsene bei ihnen bemerkbar. 50% haben Probleme mit Alkohol oder Drogen.[11]

Aber auch fast alle nichtsorgeberechtigten Väter leiden unter seelischen und psychosomatischen Erkrankungen.

Nach einer amerikanischen Untersuchung sind 24 der 25 unattraktivsten Berufe (Faktoren: Gesundheitsgefahr, Dreck, Stress und sogar Bezahlung) reine Männersache.[12] Kein Wunder, dass gerade junge Männer wesentliche stärker suizidgefährdet sind als Frauen.

Kinder gehören möglichst in Familien. Diese müssen weitgehend intakt sein.

Trotzdem ist die Zahl der Kindeswegnahmen aufgrund schlechter sozialer Verhältnisse und angeblichen Missbrauchs anscheinend unnötig hoch.

Hier sollten die tatsächlichen Umstände gründlicher untersucht werden. Ein Heimplatz ist für das betroffene Kind nur in begründeten Fällen von Vorteil.

Ehen oder eheähnliche Verbindungen und Familie sollten in der Gesellschaft wieder einen höheren Stellenwert bekommen.

Nur aus der Beziehung von Mann und Frau gehen auf natürlichem Wege Kinder hervor. Diese bilden die Keimzelle unserer Gesellschaft. Daran hat sich bis heute nichts geändert. Aus 80% aller Ehen gehen Kinder hervor.[13]

Kinder von Alleinerziehenden haben häufiger eine schlechtere Entwicklungschance als Kinder aus intakten Familien.

Ihnen fehlt das Urvertrauen, das sich in jungen Jahren am besten in einer intakten Familie entwickeln kann, und zwar in den ersten vier bis sechs Lebensjahren.

Der Nachwuchs von Tieren in der Wildnis, die keine Mutterbindung herstellen, hat kaum eine Überlebenschance. Tierbabys brauchen emotionale Nähe. Warum sollte das bei Menschen grundlegend anders sein?

Eine enge Bindung in der ersten Lebensphase macht auch gesundheitlich robuster.

Dies kann bestenfalls in gut organisierten Einrichtungen aufgefangen werden.

Wir gehen immer davon aus, dass Deutschland, was die Unterbringung der Kinder in Krippen und Kindergärten betrifft, eher noch einen Aufholbedarf hat. Gegenüber Frankreich mag dies zutreffen, dagegen wird in Italien dieses Thema gänzlich anders angesehen. Dort hat die Familie als kleinste soziale Einheit noch eine andere Bedeutung, und so mag es nicht verwundern, dass es in ganz Rom nur ein paar Kindergärten gibt.

Die Kinder brauchen, vergleichbar mit familiären Bedingungen, feste Bezugspersonen.

In Kinderkrippen sollten sich deshalb die Erzieherinnen maximal um drei Kinder kümmern müssen. Die Betreuungszeiten sollten in der Woche 30 Stunden nicht überschreiten.

Werden diese Vorgaben nicht eingehalten, sind die Kinder in der Regel aufsässiger, trotziger und werden öfter handgreiflich. Auch in der Pubertät sind sie immer noch reizbarer und verhalten sich riskanter, z.B. im Umgang mit Alkohol.

Diese Betreuungszeit und -intensität wird jedoch, zumindest in Deutschland, in der Regel nicht erreicht. Lediglich in Baden-Württemberg wurde 2016 dieser Betreuungsschlüssel eingehalten.

Selbst dann bedeutet der Wechsel in eine Krippe für die Kinder zunächst einmal Stress. Untersuchungen an betroffenen Kindern haben anfangs einen Anstieg des Stresshormons Cortisol um bis zu 100% ergeben, wenn die Kinder morgens in der Krippe abgegeben werden. Diese Werte sinken zwar, sind aber auch nach fünf Monaten noch höher als normal.[14]

Kinder sind daher in Familien am besten aufgehoben. Selbst Karl Marx hat sich darüber Gedanken gemacht und hielt die Familie für den wichtigsten Ort der Wertevermittlung.

Die Möglichkeiten, Kinder in der Familie zu erziehen, sollte daher erweitert und das Angebot an Kinderkrippen auf das verbleibende Minimum beschränkt werden, das es sicher braucht, um Kinder vor schlechteren Lebensumständen zu bewahren.

Ich werde nie vergessen, wie mein Sohn jeden Morgen schreiend am Eingang unseres Hauses stand, wenn ich ins Büro ging.

Er hatte offensichtlich Angst, ich könnte ihn verlassen, obwohl ich bereits zum Mittagessen wieder zu Hause war und meine Frau bis zu seinem dritten Lebensjahr zu Hause blieb.

Wie soll es Kindern ergehen, die schon nach einem Jahr oder wenigen Wochen in fremde Hände und womöglich in eine fremde Umgebung kommen?!

Sie klammern sich, wann immer es ihnen möglich ist, an ihre Eltern (meist instinktiv an die Mutter, selbst wenn der Vater zeitlich im gleichen Umfang ebenfalls zur Verfügung steht, wie ich selbst mehrfach erleben konnte). Andere verlieren ganz den Bezug zu ihnen nahestehenden Menschen.

Nach den Erfahrungen des amerikanische Psychiaters Daniel N. Stern erkennt schon ein zwei Tage alter Säugling seine Mutter am Geruch und bevorzugt ihn.

Man kann beobachten, dass hungrige Säuglinge schon im Alter von wenigen Wochen ruhiger werden, wenn ihre Mutter den Raum betritt. Die intensive Form der Beziehung zu seiner Mutter prägt das

Verhältnis zu anderen Menschen für das ganze Leben.

Dagegen tragen teilnahmslose und sehr beanspruchte Personen zur Verarmung der sozialen Erfahrungen eines Kindes bei.

Schon im ersten Lebensjahr reagieren Kinder auf Neuartiges mit einer Mischung aus Furcht und Faszination und beobachten, wie andere (vorzugsweise vertraute Personen, wie die Eltern), darauf reagieren.

Der Begriff „Gender" steht für eine neue Weltanschauung, die alle Unterschiede zwischen den Geschlechtern relativieren oder gar abschaffen, sie also nicht als naturgegeben akzeptieren will.

Der Satz von Simone de Beauvoir, die 1947 in ihrem Buch „Das andere Geschlecht" geschrieben hat: „Man kommt nicht als Frau zur Welt, man wird dazu gemacht", hat auf der ganzen Welt Aufmerksamkeit erlangt und nimmt vor allem im radikalen Feminismus immer konkretere Formen an.

Dieser Prozess ist weitgehend unbemerkt in alle Bereiche unserer Gesellschaft vorgestoßen, ohne dass die Frauen je gefragt wurden, ob sie diese Auffassung teilen.

Sie werden eher durch radikale Gruppen und die Aufmerksamkeit, die diese Gruppen in den Medien erhalten, dazu gedrängt.

Die Politik hat sich diese Entwicklung zu eigen gemacht und entschieden, die Unterschiede fortlaufend aufzuheben. Selbst wenn die Gesellschaft dies nicht freiwillig vollzieht, wird sie gegebenenfalls dazu gezwungen.

Dies führt zu absurden Gesetzesvorlagen, in denen Unternehmen gezwungen werden sollen, einen bestimmten Anteil von Führungspositionen mit Frauen zu besetzen.

Grundsätzlich will ja niemand einer Frau eine solche Position vorenthalten, wenn sie diese anstrebt.

Vielleicht täte es unserer Gesellschaft sogar gut, wenn es mehr

Frauen in Führungspositionen gäbe, da Frauen in vielen Fällen eine andere Herangehensweise haben und häufig mehr Empathie aufbringen als Männer, aber ich habe noch nie gelesen, dass es Untersuchungen darüber gibt, ob es überhaupt genügend Frauen gibt, die diese Positionen besetzen *wollen.*

Ich habe in meinem Leben immer wieder die Erfahrung gemacht, dass Frauen viel lieber im Team arbeiten und Führungspositionen ihnen eher nicht behagen, weil sie Verantwortung gern mit anderen teilen und Auseinandersetzungen scheuen, weshalb sie Konflikte häufig versteckt austragen.

Sicher lassen sich auch dafür Modelle entwickeln, aber in den meisten Bereichen bedarf es einfach einer Hierarchie, in der Verantwortung nur schlecht zu teilen ist und in der Frauen nur an der Spitze stehen können, wenn sie bereit sind, die alleinige Verantwortung zu übernehmen.

Frauen können sich in unserer Gesellschaft nur behaupten, wenn sie ihr ausgeprägtes Bedürfnis nach Sicherheit auch weiterhin in das nach Freiheit verändern, was langfristig nur gelingen kann, wenn Modelle gefunden werden, in denen die Familie darunter nicht leidet.

Welche Rolle spielt die Bildung?

Die Bedeutung der Bildung in unserer Gesellschaft hat man sich lange Zeit nicht ausreichend bewusst gemacht. Man wuchs im Kreise der Familie oder überschaubarer Gemeinschaften auf, die Bildung orientierte sich an den täglichen Anforderungen und wurde fast unbewusst konsumiert.

Mit der immer stärkeren Aufgabenverteilung hat sich dies zunächst langsam, in jüngerer Vergangenheit aber immer schneller geändert.

Bildung wird in unserer Gesellschaft immer mehr zu einer lebensnotwendigen Grundlage.

Sie nimmt einen immer größeren Stellenwert ein. Viele Ausbildungen nehmen bereits ein Drittel unserer Lebenszeit in Anspruch.

Ohne Bildung gibt es keine Zukunft.

Manuelle Tätigkeiten wie auch die meisten Dienstleistungen können künftig von Maschinen und Computern erledigt werden.

Computer sind in der Lage, Informationen zu verarbeiten, selbständig zu lernen und Probleme zu lösen. Sie besitzen künstliche Intelligenz. Aber sie sind auch immer manipulierbar. Sie werden im Namen von Interessensgruppen die Kriege der Zukunft führen, und dazu braucht es in der Regel nicht viel mehr als einige bösartige Softwareprogramme, die von überall auf der Welt eingesetzt werden können. Alles dies ist bei Menschen mehr oder weniger auch möglich, aber nicht zwangsläufig. Das macht ihr Verhalten weniger vorhersehbar.

Bildung ist die unersetzbare Voraussetzung zur Reduzierung der stetig anwachsenden Weltbevölkerung und zur Reduzierung von Gewalt – zwei der größten Probleme unserer Zeit.

Die besten Schulen gehören in die Gebiete mit den größten Defiziten. Doch genau das Gegenteil ist der Fall.

Bildung ist, zumindest in Deutschland, immer noch oder immer wieder eine Frage der sozialen Herkunft. Kinder aus Familien mit einem hohen sozialen Status haben um ein Vielfaches bessere Chancen als Kinder aus Familien mit einem niedrigen sozialen Status.

Privatschulen, auch Privathochschulen, die sich nur sozial bessergestellte Bevölkerungsschichten leisten können, sind dafür eine Ursache, aber nicht ausschließlich. Häufig ist es auch so, dass sozial schwächere ein geringeres Bildungsinteresse haben und ihre Kinder deshalb nicht besonders fördern.

Am Geld darf keine Bildung scheitern.

Dennoch sollte man Privatschulen als Alternative und Vorbild nicht unterschätzen. Privatschulen kosten den Steuerzahler ein Drittel weniger als staatliche Lehranstalten.[1]

Bildung ist notwendiger denn je.

In einer Welt, in der wir technisch nahezu unbegrenzte Möglichkeiten haben, wird der Rückstand unserer Bildung immer größer und damit die Möglichkeit größer, moralisch zu beurteilen, was sinnvoll und nötig ist und worauf wir besser verzichten sollten.

Gleichzeitig müssen wir aufpassen, dass bei allem Verstand die Emotionen nicht auf der Strecke bleiben. Vieles lässt sich nicht mit dem Kopf allein beurteilen.

Gebildete Menschen sind zufriedener, gesünder und friedlicher.

Bildung kann man also auch als Friedensprogramm und als Gesundheitsreform betrachten.

Was für Möglichkeiten eröffnen sich durch vergleichsweise einfache Maßnahmen!

Diese Chance wird nicht ausreichend genutzt, weil sie nicht schnell genug zum Erfolg führt.

Wir sind eine Gesellschaft, die viel zu sehr in der Gegenwart lebt.

Wer einen Walnussbaum pflanzt, erntet die ersten Früchte auch erst nach ca. zehn Jahren. Manchmal braucht es einfach etwas Zeit, bis man die Früchte seiner Arbeit erntet. Wir müssen geduldiger werden.

In Niger können nur 25% der Bevölkerung lesen. Der Anteil der Frauen liegt sogar noch niedriger. Weniger als 1% der Mädchen beendet die Grundschule. Wen wundert es da, dass die dortige Fruchtbarkeitsrate die höchste der Welt ist.

Das Land wird bis heute ausgebeutet. Die Franzosen nehmen das Uran, die Chinesen das Öl und die Kanadier das Gold.

Welches Interesse sollten diese Länder daran haben, die Ausbildung der Nigerianer zu verbessern? Da ist es auch nicht verwunderlich, dass noch immer ca. 10% der Bevölkerung in der Sklaverei leben.[2]

Mehr Schuljahre, aber auch größere finanzielle Mittel führen nicht automatisch zu besserer Bildung; kompetente, motivierte und pflichtbewusste Lehrer schon.

An der Universität Tübingen sind die Studenten zeitweise massenhaft durch das Examen der Volkswirtschaft gefallen, weil sie sich mathematisch zu wenig auskannten.

Nur ca. 30% der Studenten sind nach Umfragen unter Hochschullehrern wirklich studierfähig.[3]

Sie alle wären in einem Handwerksberuf höchstwahrscheinlich viel erfolgreicher.

Stattdessen nehmen sie sich gegenseitig die Studienplätze weg, und die Betriebe suchen händeringend nach Lehrlingen.

Leider bilden die Hauptschulen, inzwischen zumindest dem Namen nach weitgehend abgeschafft, die Schüler nicht mehr praxisorientiert aus, wie dies noch vor 50 Jahren der Fall war.

Schuld sind aber wir alle, die wir es an Wertschätzung für Ausbildungsberufe haben fehlen lassen.

Dieser Entwicklung muss, wenn nicht von staatlicher Seite, dann von privater und gewerblicher Seite, etwas entgegengesetzt werden. Auch die Gewerkschaften könnten hier eine wichtige Rolle übernehmen.

Die Universitäten sollten in Aufgabengebiete gegliedert werden, die fachübergreifend an Lösungen zur Bewältigung drängender Probleme forschen und arbeiten.

40% der Studienanfänger machen kein Examen in dem Fach, mit dem sie ihr Studium begonnen haben.

Aber auch von den Lehrlingen brechen über 30% ihre Lehre vorzeitig ab.[4]

Inklusion dient in den meisten Fällen weder den betroffenen, behinderten Kindern noch den nichtbehinderten, da beide nicht optimal gefördert werden.

Auch der unterdurchschnittlich Begabte hat das Recht, optimal gefördert und zu einem nützlichen Mitglied der Gesellschaft zu werden. Dennoch muss es zulässig sein, einen Unterschied festzustellen zwischen den Leistungsträgern der Gesellschaft und denen, die einen geringeren Beitrag leisten, und Konsequenzen daraus zu ziehen, die zum Nutzen aller sind.

Deutschland liegt im internationalen Vergleich der Bildungsleistungen nur noch im Mittelfeld. Das ist nicht ganz verwunderlich, wenn wir uns mehrere Monate vorlesungsfreie Zeit an unseren Universitäten leisten.

Die Ressourcen in den Universitäten werden zu einem erheblichen Teil nicht ausreichend genutzt.

Deutschland schneidet im internationalen Vergleich nicht mehr so gut ab wie bei früheren Vergleichen. Das liegt sicher auch daran, dass der Anteil an Kindern aus Migrantenfamilien an den Schulen deutlich zugenommen hat.

In einigen Regionen bilden Migrantenkinder die große Mehrheit in der jeweiligen Schulklasse. Dies dient weder den Migranten noch den dort beheimateten Kindern.

Das Beispiel Finnland zeigt, dass die Integration von Ausländern trotzdem gelingen kann (in Finnland beträgt deren Anteil in einigen Schulen fast 50%), wenn man die Bildung denen überlässt, die etwas davon verstehen.

Politik sollte sich aus der Bildung heraushalten und lediglich die Voraussetzungen für Bedingungen schaffen, die von Fachleuten für notwendig gehalten werden.

In Finnland gibt es keinen Frontalunterricht, jeder lernt entsprechend seinen Fähigkeiten unterschiedlich, es gibt viel Kommunikation unter den Schülern, die sich gegenseitig helfen (was bei uns im günstigsten Fall nur außerhalb der Schulen funktioniert), Schulen und Schulmittel sind kostenlos, handwerkliche Fähigkeiten haben einen größeren Stellenwert im Unterricht als bei uns und trotzdem kommt man mit weniger Unterricht aus als beispielsweise die Franzosen.

Spitzenleistungen werden in Ostasien, schlechte und sehr schlechte Leistungen im Nahen Osten, Afrika und Südamerika im Rahmen von PISA-Studien festgestellt.[5]

Wir müssen einen Weg finden, unsere Wertvorstellungen mit den Anforderungen an zeitgemäßer Bildung in Einklang zu bringen.

Unterschiede bei den schulischen Leistungen haben in Deutschland nicht selten politische Gründe. Bildung ist Ländersache.

Durch die Zuständigkeit der Bundesländer gibt es Unterschiede in den Systemen, den Klassengrößen und der Dauer der schulischen Ausbildung.

Auffallend ist, dass die Länder mit konservativer Bildungspolitik besonders gute Ergebnisse aufweisen.

Natürlich hängen die Erfolge bei der Bildung auch (und nicht zuletzt) mit den finanziellen Möglichkeiten dieser Länder zusammen.

Eine weitere Ursache ist, dass die fachlichen Anforderungen aus politischen Gründen in den letzten 40-50 Jahren gesunken sind, obwohl sich das verfügbare Wissen in der gleichen Zeit rasant erhöht hat.

So fiel der Anteil der Schulabgänger ohne Hauptschulabschluss zwischen 2006 und 2012 von 8,0 auf 5,9%, während der Anteil mit Hochschulreife in der gleichen Zeit von 29,6 auf 42,3% stieg.

Diese Entwicklung ist auf den ersten Blick wünschenswert, die Euphorie darüber verfliegt jedoch sofort wieder, wenn man feststellt, dass diese Entwicklung am stärksten bei den Pisa-Schlusslichtern der Stadtstaaten Hamburg, Bremen und Berlin zu beobachten war.

Selbst die Note 1,0 stieg in Berlin 2014 von 17 Schülern im Jahr 2002 auf sagenhafte 144.[6]

Auch Frankreich, das oft als positives Beispiel für die frühkindliche Erziehung der Kinder außerhalb des Elternhauses genannt wird, hat große Probleme mit Jugendlichen in den sozial schwachen Vororten von Paris, wo frustrierte Jugendliche gewalttätig werden und sich Straßenschlachten mit der Polizei liefern.

Die Arbeitslosigkeit der Jugendlichen liegt hier bei rund 40%.[7]

In den USA verlassen 30% der Schüler eines Jahrgangs die amerikanischen Highschools ohne einen Abschluss. Vielleicht ist dies ein Indiz dafür, warum jemand wie Donald Trump Präsident werden konnte.

Aber auch in Deutschland gibt es geschätzte 4.000.000 (vier Millionen!) „funktionale Analphabeten" und jährlich laut Statistischem Bundesamt ca. 50.000 Schulabgänger ohne Abschluss.

Für „Freude am Lernen" habe ich in meiner Zeit als Elternvertreter an den Schulen meiner Kinder gekämpft.

Effizientes Lernen erfolgt spielerisch, was einen entspannten Zustand voraussetzt.

Begriffe müssen anschaulich erklärt werden, und nicht durch andere Begriffe.

Der Schüler muss den Eindruck gewinnen, dass er etwas lernen kann, was ihm im Leben weiterhilft und nicht nur, was bei der nächsten Klassenarbeit eine bessere Note verspricht.

Der Lernstoff muss im wahrsten Sinne des Wortes „erfasst" werden.

Dazu muss Unterricht auch greifbarer und praktischer vermittelt werden als nur aus Büchern.

Lehrer haben in der Regel nie einen Beruf außerhalb der Schule ausgeübt. Sie haben sich selten an praktischen Fähigkeiten ausprobiert.

Sie haben das Leben außerhalb der Schule meist nur aus der Sicht eines Schülers oder Lehrers wahrgenommen.

Wie sollen sie einem dann etwas beibringen, das über die bloße Theorie hinausgeht?

Selbst an den Universitäten unterrichten Professoren Stoff, der einen Studenten auf einen Beruf vorbereiten soll, den der Professor selbst jedoch nie ausgeübt hat.

Das mag in Geisteswissenschaften nicht ganz so erheblich sein wie bei Betriebswirten, Maschinenbauern usw.

Fehler sind Teil des Lernprozesses und motivieren, nach richtigen Lösungen zu suchen. In der Schule werden sie bestraft.

In der Schule darf in der Regel kaum untereinander geholfen werden. Vorsagen oder Abgucken ist verboten.

Dies entspricht nicht der Praxis im späteren Leben, wo man sich immer Hilfe suchen kann.

Projektarbeit, das Erarbeiten von Themen in der Gruppe, sind Möglichkeiten, den Stoff angemessen zu vermitteln. Diese Ansätze verfolgen die Waldorf- oder Montessori-Schulen.

Alle Sinnesorgane sind anzuregen.

Heute verbinden Schüler Unterricht mit den Begriffen „Angst", „Stress", „Frust", „Prestige".

Dies alles sind ungeeignete Zustände, um Wissen nachhaltig zu vermitteln. Die Kinder der westlichen Welt werden zunehmend und häufig völlig unnötig mit Medikamenten zur Leistungssteigerung versorgt.

Ich habe meine eigene Schulzeit als abschreckendes Beispiel vor Augen, in der ich über lange Zeiträume Stoff lernen muss, von dem ich nicht verstand, inwiefern er mir für mein weiteres Leben nützlich sein sollte.

Der Unterricht in der Schule erfolgte frontal durch Belehrung, war meist unendlich langweilig, erzeugte nicht selten Versagensängste und tötete das natürliche Interesse von uns Heranwachsenden.

Dazu kam der Prüfungsstress mit fast immer zu knapp bemessener Zeit für die Bearbeitung der Aufgaben.

Hilfe von außen war selbstverständlich bei den Arbeiten nicht zugelassen.

Dies ändert sich zu meinem Glück beim Studium, in dem man bei Klausuren jegliche Art von Hilfsmitteln gebrauchen konnte, auch wenn man, verständlicherweise, seinen Nachbarn nicht gerade fragen durfte, was im wahren Leben durchaus üblich ist.

Letztlich muss man auch im Beruf unter Zuhilfenahme von Hilfsmitteln und Hilfestellung von anderen am Ende selbst einschätzen, inwieweit man der angebotenen Hilfe vertrauen oder sie besser in Frage stellen sollte.

Eine gute Ausbildung, die einem bei dieser Beurteilung nützlich ist, wäre dabei sehr wertvoll.

50% aller Kinder leiden unter Schulangst, ca. 30% versuchen diese mit Psychopharmaka zu unterdrücken.[8]

Viele Fächer, wie etwa Englisch und Geschichte, bei denen ich in der Schule eher durchschnittliche Leistungen erbrachte, haben erst nach der Schule, als der Druck fehlte, meine Neugier neu entfacht und mich zu ungeahnten Leistungen motiviert.

Schule kann sehr erfolgreich sein, wenn sie den Kindern die Freude am Lernen so lange wie möglich erhält und sie dann, wenn diese kindliche Neugier in eine Unsicherheit bei der Suche nach dem Platz im Leben umschlägt, respektiert und unterstützt, ihr Selbstvertrauen stärkt und ihnen Aufgaben überträgt, die sie darin übt, Verantwortung zu übernehmen.

Gerade heute, wo die Familie in vielen Fällen fehlt oder zunehmend überfordert ist, wäre die Schule der geeignete Ort, hier auszugleichen.

Dazu braucht es Lehrer, die so ausgebildet sind, dass sie diesen Ausgleich herstellen können.

Diese Lehrer habe ich sowohl in meiner Schulzeit als auch in meiner Zeit als Elternvertreter nur sehr selten kennengelernt.

Wir empfanden Unterricht als fremdbestimmt. Dies ist einer der wesentlichen Gründe, warum ich nach der Schule selbstbestimmt, frei und selbstständig tätig sein wollte, auch wenn das in der Praxis nicht immer ganz geklappt hat, da auch hier Abhängigkeiten den Alltag entscheidend mitbestimmten.

In Grenzsituationen habe ich mich aber meistens gegen die Bevormundung und für meine Selbstbestimmtheit entschieden, auch wenn ich dadurch wirtschaftliche oder persönliche Nachteile hatte.

In der heutigen Zeit eine eigene Meinung zu haben macht zuweilen einsam.

Viele Kinder passen sich den allgemeinen Trends an, um nicht als Außenseiter aufzufallen.

Ich würde trotzdem keine zerrissenen Jeans oder benutzt aussehende Schuhe kaufen und dafür noch viel Geld bezahlen.

Thilo Sarrazin könnte sicher umfangreich davon berichten, nachdem er versucht hat, mit seinen Beobachtungen („Deutschland schafft sich ab") einen Beitrag zur Diskussion gesellschaftlicher Fragen unserer Zeit zu leisten. Statt Respekt, wo nötig auch sachliche Kritik, bekam er die Aufforderung, seinen Posten im Vorstand der Bundesbank zu räumen.

Man passte sich lieber dem Mainstream an. Die meisten hatten sein Buch gar nicht gelesen. Sicher hat er dieses Verhalten weitgehend billigend in Kauf genommen, hat es ihm doch wirtschaftlich enorm genutzt. Trotzdem sollten man sich einer sachlichen Auseinandersetzung stellen.

Man muss ja nicht mit all seinen Thesen übereinstimmen, eine unvoreingenommene Diskussion sollte jedoch möglich sein. Dies war aber nicht gewährleistet, weil er schon vor der Veröffentlichung als politisch nicht korrekt stigmatisiert wurde.

In den Medien wird ja ständig suggeriert, dass die Eltern heute mit der Erziehung ihrer Kinder überfordert sind, dabei sind es die Medien, die die Kinder zunehmend beherrschen und sie dem Einfluss der Eltern entziehen.

Aber sollen wir sie deshalb möglichst rund um die Uhr in die Obhut von Fremden geben und das möglichst schon gleich nach der Geburt, damit aus ihnen wirtschaftstaugliche Mitglieder unserer Gesellschaft geformt werden, während die Eltern damit beschäftigt sind ihren Beitrag zur Wirtschaft zu leisten?

Diese Entwicklung ist zu verurteilen.

Nicht die Familie muss arbeitsgerecht werden, sondern die Arbeitswelt muss familiengerecht werden, wie es der ehemalige und zu Unrecht gescholtene Bundesverfassungsrichter Paul Kirchhoff (der „Professor aus Heidelberg") zu Recht forderte.

Kinder gehören so lange wie möglich in die Nähe der Familie. Das hat schon die Natur in der gesamten Menschheitsgeschichte so vorgesehen. Kinder, die im Säuglingsalter bis zum Abschluss des ersten Lebensjahres keine ausreichende Aufmerksamkeit durch feste Bezugspersonen bekommen, entwickeln kein Grundvertrauen, was Schäden für das ganze Leben verursacht. Solche Menschen tun sich schwer im Aufbau von Beziehungen zu anderen Menschen.

Kinder gehören daher mindestens im ersten Lebensjahr ausschließlich in die Familie.

Auch sämtliche Jugendstudien belegen den Wunsch nach verlässlichen Partnerschaften und Familiengründung mit Kindern.

Diese Wünsche bleiben in der modernen Gesellschaft zunehmend unerfüllt, weshalb Erzieherinnen und Lehrkräfte von einer zunehmenden Zahl von verhaltensauffälligen Kindern berichten.

Heute finden über 40% der Familien nur an zwei Tagen in der Woche Zeit für ein gemeinsames Frühstück.[9]

Auch der Kontakt und damit die Unterstützung der Großeltern fehlen immer häufiger.

Damit geht mehr verloren als ein Ersatz für den Babysitter.

Ältere Leute sind bessere Ratgeber für die nachfolgenden Generationen als allgemein angenommen.

Oft geht ein allgemeines Stöhnen durch die Reihen, wenn ältere Menschen ihre scheinbar überholten Ansichten zu tagesaktuellen Themen äußern.

Früher nannte man ältere Leute „weise". Zwar haben sich auch die Lebensmodelle älterer Menschen geändert. Sie sind im Alter viel aktiver, selbstbewusster und unabhängiger geworden. Trotzdem haben sie mehr Lebenserfahrung und werden mit zunehmendem Alter gelassener. Sie haben ihre wesentlichen Ziele bereits erreicht und befinden sich nicht mehr in einem vergleichbaren Wettbewerb wie etwa ihre Nachkommen.

Was bedeutet das eigentlich, weise zu sein?

Dilip Jest und Thomas Meeks haben das Phänomen wissenschaftlich erforscht und sind zu folgender Definition gelangt:

„Weise Menschen sind fähig, das Allgemeinwohl dem Eigenwohl vorzuziehen, sie haben eine ausgeprägte praktische Menschenkenntnis, die Fähigkeit zur Selbstreflexion, Sinn für die Relativität von Werten und Meinungen und die Fähigkeit zur Toleranz", worauf Matthias Horx in seinem „Das Buch des Wandels" hinweist.[10]

Vielleicht sollten wir bei wesentlichen Fragen wieder mehr auf die

Weisen hören.

Der Mensch wächst, im Gegensatz zu den meisten Tieren, über einen langen Zeitraum abhängig von seinen Eltern auf. Wer von ihnen früh verlassen, vernachlässigt oder zurückgewiesen wird, wird in seinem Leben fast unvermeidlich Bindungsängste haben oder in seinen eigenen sozialen Beziehungen klammern.

Da wir inzwischen immer seltener Nachwuchs bekommen, gehen wir für eine begrenzte Zeit möglicherweise fürsorglicher mit unseren Kindern um, als dies notwendig wäre. Dies ist bei Tieren nicht anders als bei den Menschen.

Während Tiereltern mit großem Nachwuchs ihre Kräfte einteilen müssen, um für alle sorgen zu können, sind Tiereltern mit weniger Nachkommen dazu geneigt, mehr für ihren Nachwuchs zu tun, um ihr Überleben zu sichern.

Bedenklich stimmt auch, dass die Zahl der betreuten Kinder und Familien stetig steigt.

Im Jahr 2014 waren es laut Statistischem Bundesamt allein über 300.000 Kinder und über 70.000 Familien in Deutschland.

Fraglich ist jedoch, ob dies auf Defizite der „überforderten" Eltern zurückzuführen ist oder ob der Staat einfach nur seinen Einfluss auf die Erziehung ständig erweitert, statt dafür zu sorgen, dass Eltern ihrem Erziehungsauftrag gerecht werden können.

Kinder werden in unserer kapitalistisch organisierten Gesellschaft immer mehr zum Armutsrisiko.

Zugegeben, der Umgang heutiger Eltern mit ihren Kindern hat sich teilweise geändert.

Eine Ursache dafür dürfte sein, dass man heute lange nach der Ausbildung und den ersten beruflichen Erfolgen Kinder bekommt. Es fehlt die jugendliche Gelassenheit der heutigen Eltern.

Stattdessen verfügen Eltern heute über mehr Lebenserfahrung und mehr Wissen über mögliche Gefahren, die sie vorsichtiger werden lassen.

Frauen befinden sich mit 26 Jahren im besten gebärfähigen Alter, übrigens der Grund dafür, dass Männer auch im fortgeschrittenen Alter evolutionsbedingt häufig nach Frauen in dieser Altersgruppe Ausschau halten, wie Wissenschaftler herausgefunden haben.

Immer weniger Frauen bekommen jedoch in diesem Alter ihre Kinder.

Es stimmt einen schon bedenklich, wenn viele Kinder ihren Schulweg nicht mehr kennen, weil sie täglich zur Schule gebracht werden.

Viele Lehrer wünschen sich jedoch von den Eltern, dass sie ihre Kinder zur Schule bringen. Schnell kommt sonst der Verdacht auf, dass die Kinder nicht ausreichend betreut werden.

Selbstständigkeit ist erschreckend selten ein Erziehungsziel. Das geht so weit, dass die Eltern auch noch bei der Studienberatung ihrer Kinder dabei sind und sie regelmäßig im Studium besuchen.

Auch dass Kinder heute in vielen europäischen Länder bereits über 30 Jahre alt sind, bevor sie das Elternhaus verlassen, widerspricht einer sinnvollen Entwicklung.

Kein Wunder, dass sich die Kinder dann häufig in der Nähe ihrer Eltern niederlassen.

Schließlich helfen viel mehr Eltern als allgemein angenommen auch heute noch im Haushalt ihrer Kinder, auch wenn dies sicher in Stadt und Land uneinheitlich sein dürfte.

Eltern wollen ihre Kinder vor allen Problemen beschützen. Das klingt zunächst lobenswert, ist aber gefährlich. Den Kindern muss genügend Gelegenheit gegeben werden, sich eigenständig zu entwickeln.

Dazu gehören auch negative Erfahrungen und Widerstände.

Eltern, die ihre Kinder ohne entsprechende Leistung loben, tun ihnen damit eher keinen Gefallen.

Wenn der Eindruck vermittelt wird, dass alles „toll" ist, was die Kinder machen, verringert dies ihre Motivation, sich anzustrengen, wenn es sinnvoll wäre. Optimisten sind in manchen Situationen passiv und selbstgefällig, während der Pessimist mögliche Szenarien gedanklich durchspielt und bei ihrem Eintreten dann besser vorbereitet ist. In der Regel kommt an dieser Stelle der Hinweis, dass es die Optimisten waren, die unsere Gesellschaft vorangebracht haben. Dies ist sicher richtig, allerdings ist nicht jeder Fortschritt wünschenswert. Häufig zahlen dafür unsere Nachkommen den Preis. Vielleicht wäre die Entwicklung nachhaltiger, wenn man vorher über die Konsequenzen seines Handelns nachdenken würde.

Zu wenig wird dagegen auf den Umgang der Kinder geachtet. Negative Verhaltensweisen übertragen sich nämlich genauso schnell wie positive.

Ziel muss es sein, jeden Menschen entsprechend seinen Fähigkeiten zu fördern. Unbegabte Menschen gibt es nicht, nur unzureichend geförderte Talente. Nun sind leider weniger talentierte Menschen schwieriger zu fördern als begabte. Dies sieht unsere Leistungsgesellschaft, die nur auf Erfolg und Wohlstandmehrung ausgerichtet ist, eigentlich nicht vor. Hier muss mehr Solidarität geübt werden. Keiner weiß, ob er nicht aus den unterschiedlichsten Gründen (Unfall, Krankheit, Alter etc.) auch mal zu der anderen Gruppe gehört und auf mehr Hilfe angewiesen ist.

Die Berufsausbildung wird immer differenzierter. Viele Berufe werden in immer mehr Disziplinen aufgeteilt. Dies erhöht auf der einen Seite die Effizienz, verringert aber auch den Blick für die Gesamtzusammenhänge.

Das birgt Gefahren, weiß doch der Einzelne kaum noch, welche Auswirkungen sein Wirken auf das Ganze hat.

Darüber hinaus gehen unzählige Fähigkeiten, die früher selbstverständlich zum Lebensalltag gehörten, verloren.

Viele unserer jüngeren Gesellschaftsmitglieder sind heute kaum noch in der Lage, einfachste handwerkliche Arbeiten auszuführen oder auch nur sich eine Mahlzeit zuzubereiten. In Zeiten sinkender Ausbildungszahlen und somit steigender Löhne im Handwerk ist dies ein mitunter teurer Luxus.

Wie organisieren wir uns?

Die Menschen haben sich die meiste Zeit in ihrer Geschichte so organisiert, dass sie ihre Grundbedürfnisse befriedigen konnten. Diese waren, wir erinnern uns, Nahrung, soziale Beziehungen, Unterkunft und Sicherheit.

Dazu bedurfte es gewisser Abstimmungen untereinander und zunehmend auch einer gewissen Hierarchie.

Wir leben heute so sicher wie noch nie zuvor in unserer Geschichte, obwohl wir eher den gegenteiligen Eindruck haben, weil wir durch die Medien fast täglich über jede Form von Gewalt in allen Teilen der Welt informiert werden. Der subjektive Eindruck ist daher ein ganz anderer, als es uns die objektiven Zahlen mitteilen.

Die Generationen vor uns haben fast alle mindestens einen Krieg in ihrem Leben überstehen müssen. Inzwischen kommen viel mehr Menschen durch Suizid als durch fremde Gewalt zu Tode. Trotzdem ist natürlich jedes Opfer von Gewalt eines zu viel.

Im Dezember 2016 fand in Hamburg ein OSZE-Treffen (OSZE = Organisation für Sicherheit und Zusammenarbeit) mit 57 Außenministern statt. Von den Ergebnissen dieses Treffen ist praktisch nichts bekannt. Man konnte sich nicht einmal auf eine gemeinsame Abschlusserklärung verständigen. Dafür waren aber 13.000 Polizisten im Einsatz, zeitweise kreisten über 20 Hubschrauber über der Stadt, um die Sicherheit der Versammlung sicherzustellen. Noch aktueller sind die Eindrücke vom G20-Gipfel ein Jahr später. Wohlgemerkt, man traf sich nicht in einem Krisengebiet, sondern mitten in Europa in einem freien, demokratischen Land, um über das Thema „Sicherheit und Zusammenarbeit" zu sprechen. Viele haben sich gefragt, ob es sinnvolle Alternativen zu solchen Treffen gibt. Darüber lässt sich trefflich streiten.

Man könnte natürlich auch sagen, dieser Aufwand unterstreicht geradezu die Notwendigkeit, sich über das Thema „Sicherheit und Zusammenarbeit" zu unterhalten.

Genauso gut könnte man aber angesichts der Ergebnisse auch daran zweifeln, ob es nicht völlig absurd ist zu glauben, dass Gespräche reichen, um uns einer Lösung näherzubringen und nicht erst einmal grundlegende Änderungen in den beteiligten Gesellschaften selbst angestrebt werden müssen.

Zum gleichen Zeitpunkt wie das OSZE-Treffen hielt der ehemalige Bundespräsident der Bundesrepublik Deutschland, Horst Köhler, eine Rede zum Jubiläum der Umweltstiftung (interessanterweise nicht in Osnabrück, wo die Stiftung ansässig ist, sondern in Berlin), in der er darauf hinwies, dass die Lebensweise der US-Amerikaner und der Europäer nicht mit den verfügbaren Ressourcen auf der Erde in Einklang zu bringen seien.

Wir denken alle zu wenig in globalen Maßstäben, wenn es nicht gerade um Wirtschaftswachstum geht. Globales Handeln wird schon viel zu lang in den meisten Bereichen vernachlässigt.

Sicherheit und Zusammenarbeit gehören zusammen, und deshalb sollten wir endlich begreifen, dass die Erde unser aller Zuhause ist und wir lernen müssen, miteinander zu leben und zu arbeiten, mit den verfügbaren Ressourcen auszukommen und sie zum Wohle aller einzusetzen.

Die meisten Konflikte auf der Erde haben ethische Ursachen.

Menschen verschiedener Abstammung, mit unterschiedlicher Geschichte, Kultur, Sprache, Religion oder Zugehörigkeit zu einem anderen Territorium haben unterschiedliche Auffassung zu verschiedenen Fragen des Zusammenlebens.

Ein bekannter, weil sehr lange dauernder Konflikt, ist der zwischen Israeli und Palästinenser. Auch er hat religiöse Ursachen.

Inzwischen ziehen mehr Juden von Israel in die USA als umgekehrt. Dies war nicht der ursprüngliche Plan bei der Schaffung des Staates Israel.

Viele Menschen haben auf beiden Seiten ihr Leben gelassen, sind verwundet worden oder saßen im Gefängnis – und das alles für ein Stück Land, in dem es sich nur schlecht leben lässt, in dem es kaum Trinkwasser gibt, was bekanntlich die Voraussetzung für Leben überall auf der Welt schlechthin ist!

Man hilft sich mit Meerwasserentsalzungsanlagen, die neue Probleme schaffen. Niemand weiß, wohin mit den Bergen von Salz. Auch der enorme Energiebedarf der Entsalzungsanlagen stellt das Land, das kein Erdöl besitzt, vor Probleme. Man gewinnt sie aus Kohle, die nicht unerheblich zur Umweltverschmutzung beiträgt und deshalb weltweit zunehmend geächtet wird.

Derartige Konflikte sind nicht ungewöhnlich. Sie können überwunden werden, wenn man mit entsprechender Bildung die Standpunkte der anderen Seite kennenlernt, sie einordnen und damit besser verstehen kann. Es hilft, Kompromisse für das Zusammenleben zu finden, was unerlässlich ist, denn wir leben letztlich alle auf demselben Planeten. Dies ist unser aller Aufgabe.

Wer Kriege führen will, braucht Leute, die gehorchen. Sie werden in einheitliche Kleidung gesteckt, die sich wesentlich nur durch ihren jeweiligen Gebrauch und den Rang unterscheiden. Dies vermeidet Unterschiede bei Gleichrangigen, wie sie im zivilen Leben heute üblich und gewünscht, wenn auch weitgehend unnötig sind.

Beim Militär ist Widerspruch aus gutem Grund nicht erwünscht. Einen Krieg kann man nicht gewinnen, wenn man erst darüber diskutieren will, ob der erteilte Befehl richtig oder sinnlos ist. Eine militärische Organisation lässt somit wenig Spielraum für eigene Meinung und selbstbestimmte Entscheidungen. Eigentlich will kein selbstbewusster Mensch westlicher Prägung so leben. Mit zunehmendem Wohlstand haben wir uns daran gewöhnt, Probleme anders zu lösen als mit Gewalt. Wirtschaftlicher Druck ist einfacher und wirkungsvoller. Man verhängt Sanktionen. Terroristen sind deshalb so gefährlich, weil sie sich diesem Druck nicht beugen, ja häufig genug nicht mal um ihr Leben fürchten.

Vereinfacht könnte man sagen, dass Wohlstand für alle auch mehr Frieden bringt. Ausbeutung dagegen ist Kriegspolitik.

Deshalb müssen wir unsere Probleme global lösen. Jedes Problem anderer Länder ist auch unser Problem.

Als eine der größten Bedrohungen wurde 2016 der islamische Terror angesehen. Tatsächlich sollen angeblich durch islamischen Terror 2016 weniger Menschen umgekommen als durch Bienenstiche.

Damit will ich den Terror nicht verharmlosen, es zeigt aber wieder einmal, dass mit Gefühlen und nicht mit Tatsachen Politik gemacht wird.

Wozu gibt es Grenzen zwischen Ländern?

Der deutsche Astronaut Ulrich Walter hat einmal erzählt, dass er beim Blick auf die Erde aus der Raumstation keine Grenzen erkennen konnte.

Grenzen sind von Menschen erdacht worden, um einmal in Besitz genommenes Land nicht mit anderen teilen zu müssen.

Diese Grenzen waren ursprünglich häufig natürlicher Art, z.B. Flüsse, Meere, Wälder, Wüsten oder Gebirge, später auch künstlich errichtete Mauern und Zäune. Sie hatten nur so lange Bestand, wie sie durch die Besitzer des dahinterliegenden Landes geschützt wurden oder als politische Grenzen von allen anerkannt wurden.

Dabei kann es sich auch um wirtschaftliche oder sprachliche Grenzen handeln, die jedoch meist eine Folge der geografischen Grenzen sind.

Diese Grenzen sind durch die globale Wirtschaft und die immer stärker wachsende Weltbevölkerung zunehmend von Auflösung bedroht. Die digitalen Medien haben sie längst überschritten. Auch die Menschen lassen sich durch Grenzen immer seltener aufhalten, der Transport von Waren ist zunehmend grenzenlos. Die Grenzen militärisch schützen zu wollen wird nahezu aussichtslos.

Grenzen gibt es jedoch beim Zugang zu sozialen Leistungen, zu Arbeitsplätzen, zu Bildung, bei der Verständigung, kurz gesagt: zur Teilhabe am Wohlstand.

Deshalb war es ein großer politischer Fehler, jedem EU-Bürger einen Anspruch auf Sozialleistungen einzuräumen, wenn er seinen Wohnsitz in ein anderes EU-Land verlegt, ohne gleichzeitig die Last dieser Leistungen auf alle gleichmäßig zu verteilen.

Wenn wir also zu dem Entschluss kommen, Flüchtlinge aus

Krisengebieten in die EU einreisen zu lassen, kann daraus nicht der Anspruch der Flüchtlinge auf Versorgung entstehen, wenn man von einer zeitlich begrenzten Hilfe absieht, die dann jedoch auch von der gesamten Gemeinschaft zu leisten ist.

Tatsächlich sind 43% aller Asylanträge von Flüchtlingen in die EU, im ersten Halbjahr 2015, in Deutschland gestellt worden. Sie wurden nicht, wie im Dubliner Abkommen vereinbart, nach einem Schlüssel auf die Mitgliedsstaaten verteilt.

Die Praxis zeigt außerdem, dass 75% der abgelehnten Asylbewerber (!) in der Vergangenheit trotzdem im Land geduldet wurden.[1]

Ein Fehler war sicher auch, dass die EU die Länder, in denen die meisten Flüchtlinge ankommen, nämlich Italien und Griechenland, jahrelang weitgehend mit ihren Problemen alleingelassen haben – ein Problem, das nach wie vor nicht gelöst ist, weil es durch die fragwürdigen Abmachungen mit der Türkei von der Tagesordnung genommen wurde.

Wenn diese Menschen keine Arbeit bzw. Sozialleistungen und damit keinen Zugang zum Wohlstand in den Ländern, in denen sie Zuflucht suchen, zu erwarten haben, werden sie, sofern ihnen die Alternativen in anderen Ländern geboten werden, die Länder aufsuchen, in denen ihre Chancen größer sind oder sie werden in ihrer Heimat für Bedingungen kämpfen, die ihnen vergleichbare Lebensumstände ermöglichen.

In Deutschland und den meisten übrigen westlichen Ländern werden Flüchtlinge aus afrikanischen Ländern eher geringe Chancen haben, da ihre Fähigkeiten überwiegend unter denen der Gesellschaft in diesen Ländern liegen. Wenn wir diese Menschen in unserem Land aufnehmen wollen, müssen wir entweder durch entsprechende Einwanderungsgesetze gezielt geeignete Kräfte anwerben oder sie durch um-fangreiche Bildungsangebote qualifizieren. Dies ist alles hinlänglich bekannt, jedoch nie wirklich umgesetzt worden.

Der Demografiebericht der Bundesregierung von 2012 stellt fest, dass die Erwerbstätigkeit von Migranten unterdurchschnittlich ist, die Beschäftigung überwiegend in einfachen Tätigkeiten erfolgt und die Arbeitslosigkeit doppelt so hoch ist wie bei Personen ohne Migrationshintergrund.[2]

Auch in anderen Ländern gibt es Hinweise auf gravierende Probleme mit Migranten. So sind in Frankreich 60% aller Gefängnisinsassen Muslime, obwohl sie nur einen Anteil von 12% der Bevölkerung ausmachen; ähnlich verhält es sich in Großbritannien und Belgien.

Bei aller Einsicht, dass die Flüchtlinge unter Einsatz ihres Lebens nach Europa kommen, weil ihnen in ihrer Heimat grundsätzliche Voraussetzungen für ein lebenswertes Dasein fehlen, darf man auch die Bedürfnisse in den Ländern, in die sie flüchten, nicht unbeachtet lassen.

Die in Europa ankommenden Flüchtlinge sind weitgehend schlecht oder gar nicht ausgebildet. Sie finden, wenn überhaupt, vorwiegend Anstellung in der Baubranche, der Gastronomie, im Groß- und Einzelhandel, als Hausangestellte und in der Industrie.

Was Deutschland braucht, ist Einwanderung von gut ausgebildeten Menschen mit Berufen, die bei uns nicht ausreichend besetzt werden können.

Nur 17% der Kinder in London sind noch europäischer Herkunft.[3]

Auch in Berlin gibt es Klassen, in denen der Anteil an deutschen Schüler unter 20% liegt.[4]

Eine Integration muss möglich sein. Wenn die Einheimischen in der Minderheit sind, wird dies nur schwer gelingen. Dies schwächt das Gemeinschaftsgefühl, da man die Gesellschaft als fremd empfindet und sich nicht mit ihr identifiziert. Eine steigende Zahl von Konflikten ist wahrscheinlich, mit allen negativen Folgen für die verschiedensten Lebensbereiche.

Auch in Deutschland gibt es in verschiedenen Städten Viertel, in denen das deutsche Recht kaum noch Geltung verschafft werden kann.[5] Dies führt zweifellos zu Ablehnung von Migranten und sozialen Unruhen.

Auf der anderen Seite muss man den Flüchtlingen, die anerkannt werden und vermutlich dauerhaft bei uns bleiben, auch das Gefühl geben, dass sie willkommen sind, man muss sie ausreichend fördern, ihnen Jobangebote machen und Sprachförderung anbieten; sonst kann eine Integration nicht gelingen.

Keine Leistung ohne Gegenleistung. Wer Sozialhilfe bezieht (Arbeitslosengeld ist ja als Überbrückung zeitlich begrenzt), soll dafür eine Gegenleistung erbringen. Jeder Mensch hat Talente, die sich nutzbringend in die Gesellschaft einbringen lassen. Nur so bekommen die unterstützten Arbeitslosen auch ihre Würde zurück. Etwas, das man ohne Gegenleistung bekommt, ist ein Almosen. Niemand, der noch etwas von seiner Würde bewahrt hat, bekommt gern Almosen. Jemandem, der diese Würde nicht mehr besitzt, sollte zunächst geholfen werden, sein Selbstwertgefühl zu steigern.

Das Flüchtlingsproblem muss größtenteils und mithilfe des Westens vor Ort gelöst werden.

Bis heute ist es in Deutschland nicht gelungen, sich auf Kriterien für eine gesteuerte Einwanderungspolitik zu einigen.

Die Sicherung der Grenzen besteht somit weniger in der Errichtung von Grenzzäunen, sondern in der Erhaltung der inneren Sicherheit zum Schutz vor Kriminalität derer, die sich den Wohlstand auf illegale Weise in den von ihnen auserwählten Ländern der Erde beschaffen wollen. Wenn dies nicht gelingt, werden die Grenzen in Form von Zäunen und Mauern bis hin zu Todesstreifen von allein neu entstehen.

Es ist gar nicht einzusehen, warum eine gemeinsame Grenze der EU, sofern gewollt, nicht einfacher schützen sein soll als Grenzen um jedes einzelne der zu ihr gehörenden Länder.

Was haben wir von der Politik zu erwarten?

Eigentlich nichts, wenn wir nicht selbst bereit sind, aktiv zu werden. Dazu müssen wir nicht in eine Partei eintreten oder ein politisches Amt bekleiden. Politik findet im Grunde überall und jeder Zeit statt. Wenn wir Einfluss auf unser Leben nehmen wollen, müssen wir uns mit Politik beschäftigen. Politik ist ein Bereich, in den wir uns alle mehr oder weniger einbringen können, wenn sie mit unseren Vorstellungen nicht übereinstimmt. Wir alle betreiben Politik, und wann immer es möglich ist, sollte dies gewaltfrei geschehen.

Politik ist im günstigsten Fall (näherungsweise in einer Demokratie) die Verfolgung gemeinsamer Interessen zum Wohle aller, im ungünstigsten Fall (näherungsweise in einer Diktatur) die Unterwerfung unter die Interessen einiger weniger.

Politik soll die Voraussetzungen dafür schaffen, dass die Bürger die Möglichkeit haben, ihr Leben selbständig zu organisieren, ohne anderen dabei zu schaden.

Die Geschichte zeigt, dass die Verfolgung gemeinsamer Interessen zu weniger Gewalt und Korruption, mehr Freiheiten, gesellschaftlichen Aufstieg, besserer Gesundheit, höherer Lebenserwartung, mehr Bildung und somit zu einem größeren Wohlstand führt.

Egozentrisches Verhalten nutzt in der Regel nur dem Einzelnen, gemeinsames Handeln bringt viele weiter.

Der Volksmund sagt: „Wenn jeder nur an sich denkt, ist zwar an jeden gedacht, aber nicht jedem geholfen."

Eine Politik, in der möglichst viele gemeinsame Interessen verfolgt werden, erfordert, wie schon angedeutet, in der Regel ein demokratisches Staatswesen. Dazu benötigt man jedoch schon weitgehende Übereinstimmung in grundsätzlichen Fragen, weil man sich sonst gar nicht auf geeignete Verfahren, wie zum Beispiel Wahlen, verständigen kann, um Meinungsverschiedenheiten friedlich beizulegen. Wie schwierig das noch vor wenigen Jahren war, mag man daran erkennen können, dass noch 1970 nur rund ein Viertel aller Länder demokratische Strukturen besaßen. Heute sind es mehr als die Hälfte.

Hier werden Repräsentanten vom Volk gewählt, die die Interessen der Mehrheit vertreten sollen. Dies bedeutet auch, dass der Wunsch nach Veränderung von diesen Interessensgruppen ausgehen muss. Im Vorfeld tauscht man die unterschiedlichen Meinungen aus, was häufig viel Zeit kostet.

Demokratische Regierungssysteme arbeiten langsam und sehr bürokratisch. Das deutsche System gehört zu den langsamsten.

Es könnte daher sehr bald soweit sein, dass es in unserer schnelllebigen Zeit nicht mehr mit der Entwicklung Schritt halten kann und daher an Einfluss verliert. Im Bereich der digitalen Medien sind solche Rückstände schon deutlich feststellbar. Hier bildet sich fast unbemerkt eine rechtsfreie und damit nicht mehr zu kontrollierende Zone, die sich zu einem ernsthaften Sicherheitsrisiko entwickelt.

Aber auch die Flüchtlingskrise hat deutlich gemacht, dass die Politiker lange Zeit hinter der aktuellen Entwicklung zurücklagen und die Lage nicht immer im Griff hatten.

Dennoch hat die Demokratie eine nicht hoch genug einzuschätzende Lösung gefunden, den Übergang von Macht gewaltfrei zu gewährleisten.

Zur Demokratie und zur Marktwirtschaft, die sich in fast allen Teilen der Welt durchgesetzt haben, gibt es keine wirkliche Alternative, weil sie der Natur, auch der der Menschen, entspricht. Die ganze Evolution beruht auf dem Prinzip, dass sich die Stärkeren gegen die Schwächeren durchsetzen.

Demokratische Machthaber sind Herrscher auf Zeit, die man grundsätzlich begrenzen sollte, während Diktatoren meist nur gewaltsam von ihren Posten entfernt werden können.

Repräsentanten, die ihre eigenen Interessen verfolgen, schaden der Gemeinschaft. Selbst Diktatoren müssen sich langfristig an den Interessen der Mehrheit ihrer Bürger orientieren, wenn sie an der Macht bleiben wollen.

Die demokratische Staatsform hat sich in der sogenannten westlichen Zivilisation am stärksten verbreitet.

Sie bietet den Menschen neben der unverzichtbaren Freiheit auch eine weitgehende Chancengleichheit, was sich als sinnvoller erwiesen hat, als die scheinbare Gleichmacherei im Kommunismus.

Weitere Faktoren dieser demokratischen Zivilisation sind u.a.

-     der politische und wirtschaftliche Wettbewerb,
-     Bildung, Wissenschaft und medizinischer Fortschritt,
-     gesicherte Rechte und Meinungsfreiheit,
-     Schutz vor Hunger,
-     Sicherheit und
-     eine weitgehend einheitliche Ethik.

Nicht verwunderlich ist daher, dass von den 30 reichsten Ländern der Erde 22 in Europa liegen und vorherrschend dem christlichen Glauben zugewandt sind.[1]

Der Islam wird vielfach noch nicht so modern ausgelegt, als dass er sich mit demokratischen Strukturen vereinbaren lässt.

Deshalb ist es auch kein Zufall, dass die christlichen Werte nachweislich in einem Zusammenhang mit dem wirtschaftlichen Aufschwung in Europa und Nordamerika stehen. Selbst in Ländern mit mehrheitlich muslimischer Bevölkerung gehören Christen zu den oberen Schichten.[2]

Verschiedene Richtungen des praktizierten Islams verhindern ein unabhängiges und kritisches Denken oder fördern es zumindest nicht.

Auch das niedrigste Gewaltniveau und die niedrigste Korruption sind entgegen anderslautenden Eindrücken, die durch die Medien vermittelt werden, in der westlichen Zivilisation zu finden, auch wenn wir längst nicht am Ziel sind und noch enormes Verbesserungspotenzial haben.

In China, einem kommunistischen Staat, sind Anfang der 1950er Jahre noch 750.000 Menschen hingerichtet worden, nicht selten aus politischen Gründen.

Aber auch in der westlichen Welt gibt es enorme Unterschiede.

So liegen alkoholbedingte Unfälle weit oben in der Statistik. Der Kapitalismus in seiner reinsten Form fordert seine Opfer.[3]

Nach wie vor leben nur rund 20% der Menschen in einer Demokratie.

Der ganz überwiegende Teil der Weltbevölkerung lebt also unter Bedingungen, die wir, wie selbstverständlich, ablehnen und als Grundlage für unser Leben nicht akzeptieren würden.

Die meisten der reichsten Länder der Erde liegen in klimatisch gemäßigten oder kalten Zonen. Vielleicht hilft dies in manchen Situationen dazu „einen kühlen Kopf" bewahren sollte.

Von den 30 ärmsten Ländern liegen 26 in Afrika.

Viele von ihnen brachten aus ihrer Kolonialzeit eine funktionierende Verwaltung, eine marktwirtschaftliche Verfassung und eine europäische Rechtsordnung mit, verfügten außerdem über wertvolle Rohstoffe. Davon ist wenig geblieben.

Korrupte Führungsschichten und das während der Kolonialzeit wenig weiterentwickelte Wissenskapital der Ureinwohner machten die häufig guten Voraussetzungen zunichte.[4]

Eine Orientierung an westlichen Prinzipien würde zweifellos zu einer Wohlstandsmehrung in den heute ärmeren Ländern führen.

Die Schwäche der Demokratie ist zugleich ihre Stärke. Sie braucht die Zustimmung derer, die für die sie tätig sind.

Vielleicht werden deshalb zahlreiche Projekte gefördert, mit denen die Politiker kurzfristig bei ihren Wählern punkten können. Beispiel: Jeder kennt die unnötig vielen, von der EU geförderten, völlig nutzlosen Kreisel an Stellen, wo sie den Verkehr eher behindern. Auch die verkehrsarmen Autobahnen in Polen sind so ein Beispiel.

Die EU ist zweifellos sehr bürokratisch organisiert und hat die Bürokratie in den Mitgliedsstaaten insgesamt erhöht. Dennoch macht diese viel gescholtene Bürokratie nur 0,06% des Bruttoinlandsprodukts der EU aus. Im Baubereich beispielsweise musste man Jahrzehnte in die Neufassung von Normen investieren, um diese zu vereinheitlichen. Kaum eine ist einfacher geworden.

Die Politik ist in unserer Welt der Medien immer mehr zu einer Show verkümmert, bei es darum geht, Stimmungen aufzunehmen.

Um diese zu bedienen, braucht es immer häufiger Leute, denen es zwar an wissenschaftlichem Rang, fachlichem Urteilsvermögen und politischer Integrität fehlt, die sich dafür aber besonders medienwirksam präsentieren können.

Umgekehrt bleiben Politiker, die diese Sachkenntnis besitzen, von den Medien weitgehend unbeachtet, wenn sie kein entsprechendes Amt bekleiden.

Allen wäre schon sehr geholfen, würden sich diejenigen, die zur

Sache nichts Wesentliches beizutragen haben, einfach zurüchalten. Leider hat man häufig den Eindruck, dass eher das Gegenteil der Fall ist.

Hier liegt ein großes Problem. In der westlichen Politik kommt man nur in bedeutende Positionen, wenn man anpassungs- und wandlungsfähig genug ist und sich nach außen wirksam in Szene setzen kann.

Leute, die über das nötige Fachwissen verfügen, gehen deshalb entweder nicht in die Politik oder werden frühzeitig behindert, in der Politik Karriere zu machen. Politiker neigen zunehmend dazu, sich ohne eigene Standpunkte den wandelnden Meinungen anzupassen.

Viele können sich noch an den „Professor aus Heidelberg" erinnern, den Gerhard Schröder durch eben diese despektierliche Bezeichnung daran hinderte, sein zunächst hochgelobtes Steuerkonzept in der ersten Regierung Merkel zum Erfolg zu führen, dabei hat Deutschland nach einer Umfrage unter internationalen Unternehmern das schlechteste Steuersystem, wenn es um Transparenz und Effizienz geht.[5]

Das Thema wurde seit damals nicht mehr ernsthaft behandelt, weil Merkel damit seinerzeit fast die Wahl verloren hätte.

Offensichtlich empfinden viele Deutsche das System zudem ungerecht, denn zwei Drittel der Deutschen haben Umfragen zufolge Verständnis für Schwarzarbeit. Im Haushalt werden Reinigungskräfte überwiegend schwarz beschäftigt.

Kritische Köpfe sind unbequem und bekommen meist schon auf kommunaler Ebene wenig Zustimmung in der eigenen Partei.

Im Deutschen Bundestag sitzen überwiegend Beamte und Juristen aus dem öffentlichen Dienst, nicht selten aus Beamtenverhältnissen, also Leute, die ganz überwiegend ihr Geld vom Staat bekommen, der es wiederum in Form von Steuern von seinen Bürgern erhält.

Irgendwo muss dieses Geld verdient werden, und diese Menschen, nicht selten Bürger anderer, z.T. ferner Länder, mit anderen Staatsformen, fehlenden Rechten, fehlenden oder deutlich schlechteren Standards bei Arbeitsbedingungen, Altersversorgung, Umweltbedingungen usw., sind unterrepräsentiert bzw. haben in der Regel überhaupt keine Vertretung.

Politik wird überwiegend von Eliten gemacht, seien es intellektuelle, militärische oder wirtschaftliche, die jeweils ihre Interessensgruppen vertreten.

Allerdings fallen Entscheidungen immer häufiger außerhalb von Parlamenten.

Politiker nutzen zunehmend ihre Position, um die Interessen von Konzernen und Verbänden als sogenannte Lobbyisten zu vertreten. Wie sonst ist es zu erklären, dass Deutschland zu den wenigen Staaten gehört, die die UN-Konvention gegen Korruption aus dem Jahr 2003 nicht unterzeichnet haben?![6]

Mit dem Hinweis auf die wirtschaftlichen Folgen lässt sich fast jede Maßnahme verhindern oder durchsetzen.

Die Weiterentwicklung der globalen Wirtschaft ist kaum aufzuhalten.

Freihandelsabkommen dienen vor allem dem globalen Lohndumping und vernichten mehr Arbeitsplätze, als sie schaffen. Sie werden trotzdem kaum aufzuhalten seien.

Wenn man beobachtet, welche unglaublichen Summen im amerikanischen Wahlkampf allein zur Ermittlung der Kandidaten ausgegeben werden, kann man nicht ernsthaft daran glauben, dass es dabei um Volksvertreter geht, die nach ihrer Wahl die Interessen des gesamten Volkes vertreten sollen.

Dies hat unmittelbare Folgen für die Gesellschaft.

Im Bereich „Bildung", aber auch im Gesundheitswesen spielt der Geldbeutel eine immer größere Rolle. Wenn man sechs Wochen und mehr auf einen Arzttermin warten muss, weil man keiner privaten Krankenkasse angehört, kann von effektiver Behandlung keine Rede mehr sein.

Öffentliche Diskussionen werden gezielt gefördert oder behindert. Dafür sorgen schon die von den Parteien kontrollierten öffentlich-rechtlichen Sender.

Neue Parteien werden, sobald sie für ihre Gegner gefährlich werden, gerne als Extremisten diffamiert. Häufig reicht schon der Verdacht. So geschehen mit der AfD in Deutschland, die mit kompetenter, z.T. prominenter Besetzung in den ersten Bundestagswahlkampf ging, dort nur knapp scheiterte, um danach als rechtspopulistische Partei so lange öffentlich ausgegrenzt zu werden, bis diese Kräfte sich dann auch tatsächlich durchsetzen und die Gründer aus der Partei drängten.

Man sollte Wege finden, qualifizierte Leute in Schlüsselpositionen der Politik zu bekommen. Überlegungen dazu gibt es. Ein Vorschlag lautet, ähnlich wie bei Schöffen, Menschen zur Teilnahme an der Politik zu verpflichten und sie dafür einige Jahre ohne Nachteile von ihren sonstigen Aufgaben teilweise freizustellen. Eine vollständige Freistellung verhindert die Rückkehr in den Beruf.

In Frankreich ist es dem neuen Präsidenten Macron gelungen, überdurchschnittlich viele Menschen außerhalb der etablierten Parteien für seine Politik zu begeistern und in verantwortliche Positionen zu bringen. Es bleibt abzuwarten, ob diese Modell erfolgreich sein wird; zu wünschen wäre es in jedem Fall.

Die Politik kann Veränderungen in ganz anderen Dimensionen ermöglichen, als es der Einzelne jemals schaffen wird. Dazu bedarf es mehr Idealisten, da vergleichbare Positionen in der Wirtschaft besser bezahlt werden. Das Dilemma ist, dass Politiker jedoch weitaus mehr in der Öffentlichkeit stehen. Das damit verbundene

Prestige ist aber eher geeignet, Populisten für die Politik zu gewinnen.

Wenn die Politik den Mut aufbringt, auch unpopuläre Maßnahmen zu ergreifen, kann sie Erfolge vorweisen. Ein vergleichsweise unbedeutendes Beispiel dafür sind die getroffenen, wenn auch immer noch unzureichenden Maßnahmen gegen das Rauchen.

Ich gratuliere jedem, der mit dem Rauchen aufhört. Besser wäre natürlich, er hätte gar nicht erst angefangen, weil er früh über die Gefahren informiert worden ist.

Die Politik hat es über einen langen Zeitraum geschafft, große Teile der Bevölkerung durch erhöhte Kosten, Rauchverbote in öffentlichen Gebäuden, Aufklärung bis auf die Zigarettenschachteln usw. vom Rauchen abzubringen und vor allen Dingen die Werbung zu begrenzen. Noch in den 1950er und 60er Jahren stieg die Lebenserwartung der Männer aufgrund des höheren Tabakkonsums langsamer als bei Frauen (allerdings haben sich die Umstände diesbezüglich geändert, die Männer haben viel früher wieder mit dem Rauchen aufgehört).

Der Mensch ist an sich genügsam und weitgehend zufrieden, wenn seine Grundbedürfnisse befriedigt werden, was ja in vielen Teilen der Welt, im Gegensatz zu unserem Lebensraum, nicht gelingt.

Er vergleicht sich aber ständig mit seiner unmittelbaren Umgebung. Werbung vermittelt ihm den Eindruck, dass sich seine Umgebung anders verhält als er. Sie kleidet sich anders, fährt ein anderes, größeres Auto, hat ein schöneres Haus, ernährt sich besser usw. Fallen diese Vergleiche weg, wie es über Jahrzehnte im Osten der Fall war, vergleicht er sich nur mit seiner wahrnehmbaren Umgebung, der es auch nicht besser geht als ihm.

Das führt natürlich zu einem anderen Konsumverhalten, die Wirtschaft schrumpft. Diese Option kommt in unserem Denken nicht vor. Wirtschaft muss wachsen. Die Frage ist, ob sie das wirklich muss und was passiert, wenn sie das nicht mehr kann, weil kein entsprechendes Angebot mehr hergestellt werden kann. Spätestens, wenn die natürlichen Ressourcen verbraucht sind, wird sich das Angebot reduzieren und Wachstum nur noch begrenzt und in Teilbereichen möglich sein.

Vicco von Bülow, besser bekannt als Loriot, hat einmal gesagt, wir werden uns in einigen Jahren über andere Dinge unterhalten als heute, weil die Dinge einfach nicht mehr existieren.

Die Macht der Politik wird in demokratischen Ländern zeitlich und in ihrem Umfang begrenzt.

Es gilt die Gewaltenteilung. Nach historischem Vorbild werden dabei die drei Gewalten „Gesetzgebung" (Legislative), „Ausführende Gewalt" (Executive) und „Rechtsprechung" (Judikative) unterschieden.

In Deutschland ist die Staatsanwaltschaft durch das Grundgesetz der Exekutive zugeordnet und daher weisungsgebunden. Dies erscheint mir eher unglücklich, da die Justiz ansonsten in der Judikative als unabhängige Instanz tätig ist.

Unabhängigkeit ist ein sehr wertvolles Gut.

Ich habe mich im Laufe meiner beruflichen Tätigkeit als Architekt oft über die Modalitäten bei der Vergabe von öffentlichen Aufträgen geärgert.

Bei öffentlichen Aufträgen werden nicht selten, wider besseres Wissen, weniger leistungsfähige Firmen beauftragt, weil sie im Zuge der öffentlichen Ausschreibungen das günstigste Angebot unterbreitet haben.

Dies sind nicht selten Firmen, die sich regelmäßig an solchen Ausschreibungsverfahren beteiligen, weil sie im freien Markt aufgrund fehlender Zuverlässigkeit und der Neigung zu überzogenen

Nachträgen nicht zum Zuge kommen.

Diese Verfahren werden von den Vergabestellen trotzdem angewendet, weil man seinen eigenen Angestellten und Beamten offensichtlich jederzeit zutraut, die Aufträge andernfalls nach subjektiven Kriterien zu vergeben.

Jeder private Bauherr vergibt seine Aufträge nach mehreren Kriterien, die insgesamt dazu führen sollen, das wirtschaftlichste Angebot zu berücksichtigen.

Interessanterweise sind bei öffentlichen Bauaufträgen Klagen von Mitbewerbern erst oberhalb eines Schwellenwertes von 5,278 Millionen Euro möglich.

Dies begünstigt aus meiner Sicht Unregelmäßigkeiten bei der Vergabe von Bauaufträgen. Korruption ist daher bei öffentlichen Aufträgen keine Seltenheit.

Sollten wir Subventionen begrenzen?

Subventionen hat es immer schon gegeben, auch wenn man das Wort noch nicht kannte.

Wenn ein Jäger seinem Stammesbruder Pfeil und Bogen geliehen hat, weil er seine Ausrüstung auf der Jagd verloren hat, wurde er vorübergehend unterstützt, und zwar so lange, bis er seine Jagdausrüstung wieder vollständig hatte. Dies diente auch der Versorgung des Stammes und allen war geholfen.

Man könnte also zu der Auffassung gelangen, dass Subventionen ganz selbstverständlich und sinnvoll sind.

Subventionen sind jedoch in der Regel ein großes Problem.

Sie werden häufig eingesetzt, um etwas zu fördern, was sich ohne die Unterstützung nicht selbstständig tragen würde.

Dies kann im Einzelfall, zumal wenn zeitlich befristet, durchaus sinnvoll sein, wie bei unserem Beispiel aus der Zeit der Jäger und Sammler, wenn es für alle von Nutzen ist.

Die Grenzen hierfür sind jedoch fließend und werden daher je nach Interessenlage beliebig ausgeweitet.

In den meisten Fällen führen sie deshalb dazu, dass die Förderung allein durch ihre Existenz eine Entwicklung behindert, weil sie ja, solange gefördert wird, auch nicht notwendig ist. Die Wirtschaft braucht stattdessen regelrecht Krisen, um kreativ zu bleiben.

Subventionen sorgen häufig dafür, dass sich Fehlentwicklungen verfestigen.

Steuererleichterungen sind Subventionen vorzuziehen.

Margret Thatcher hat ihr Land wieder in Schwung gebracht, indem sie die Macht der Gewerkschaften gebrochen, Steuern und Löhne gesenkt und die Privatisierung gefördert hat.

Eigentlich ganz einfach und naheliegend. Wenn es einem schlecht geht, muss man seine Ansprüche reduzieren, die Ärmel hochkrempeln und aufhören zu diskutieren. Einem nackten Mann kann man nicht in die Tasche greifen. Sicher wäre es auch mit den Gewerkschaften gegangen, wenn diese in der Krise mit der Regierung enger zusammengearbeitet hätten. In Krisenzeitenmuss man enger zusammenrücken und an einem Strang ziehen. Das war schon immer so.

Ich verweise hier auf den schon 1971 von dem britischen Entwicklungsökonomen Peter Bauer geäußerten Standpunkt zum ähnlichen Thema „Entwicklungshilfe":

„Wenn mit Ausnahme vom Kapital alle Bedingungen für die wirtschaftliche Entwicklung gegeben sind, wird das Kapital im Land erzeugt, falls nicht, kann es sich der Staat oder Privatunternehmen auf dem Kapitalmarkt beschaffen. Die Kredite werden mit höheren

Steuereinnahmen oder Unternehmensgewinnen bedient. Fehlen hingegen die für die Entwicklung erforderlichen Bedingungen, so wird die Auslandshilfe (in diesem Fall die Subvention, Anmerkung des Autors) - die unter diesen Umständen die einzige externe Kapitalquelle ist - zwangsläufig unproduktiv und damit wirkungslos bleiben."

Solches Vorgehen hat einen Nachteil, der gesellschaftlich umstritten ist: Die Schwachen bleiben öfter auf der Strecke.

Hier ist unsere Gesellschaft gefordert, für Ausgleich zu sorgen.

Die Bundesregierung fördert die gewerblichen Unternehmen jährlich mit über zehn Milliarden, ohne die Bürger zu fragen, was sie davon halten.

Denen ist es in der Regel egal, wenn sie selbst nicht davon betroffen sind (was sie im Grunde immer sind, denn es sind ihre Steuergelder, die dafür verwendet werden), und sie begrüßen es natürlich, wenn sie selbst Nutznießer sind.

Die Subventionen der EU machen allein in der Landwirtschaft rund 30% des Jahresgewinns bei bäuerlichen Betrieben und 70% (!) bei Großbetrieben aus.[1]

Das geschieht häufig ohne erkennbare Notwendigkeit und mit zweifelhaftem Erfolg.

Ein Beispiel: Das seit Jahren gut eingeführte Produkt „Nutella", das übrigens zu 55% aus Zucker und einem nicht unbedenklich hohen Anteil an ungesättigten Fettsäuren besteht, wurde jährlich mit 12.000.000 (12 Millionen) Euro von der EU subventioniert.[2]

Im Gegenzug müssen Landwirte immer wieder aufgrund von Überangeboten nicht auskömmliche Preise akzeptieren und nicht selten ihren Betrieb schließen, weil er sie nicht mehr ernährt.

Auch die immer mal wieder in den Schlagzeilen auftauchenden Milchpreise bleiben nicht von Subventionen verschont. Beim Bauern kommt davon bekanntlich nicht viel an.

Vielleicht haben die Politiker ja auch Angst, dass wir sonst nicht mehr mit ausreichend gesunden Milchprodukten versorgt werden. Ernährungswissenschaftler und Ärzte beklagen allerdings eher einen viel zu hohen Konsum von Milchprodukten.

Ganz nebenbei sorgen die Milliarden EU-Subventionen dafür, dass die Landwirtschaft in den Entwicklungsländern nicht konkurrenzfähig ist. Zusammen mit den deutlich höheren Zöllen, die gegen Entwicklungländer verhängt werden, führt dies zu Verlusten, die dreimal höher sind als die gesamte Entwicklungshilfe, die sie von den Industrienationen erhalten.[3]

Dieses scheinheilige Vorgehen ist einer der wesentlichen Gründe für die fast aussichtslose wirtschaftliche Lage in den Entwicklungsländern.

Auch Japan, die USA und Kanada subventionieren ihr Landwirtschaft mit fast einer Milliarde Dollar am <u>Tag (!)</u>. Die Agrarprodukte kommen daher zu Preisen auf den Markt, die zu zwei Dritteln unter ihren Erzeugerkosten liegen.[4]

Das alles verhindert nicht, sondern führt möglicherweise erst dazu, dass zahlreiche kleine und mittlere Landwirtschaftsbetriebe nicht mehr rentabel arbeiten, geschweige denn sich ökologischen Notwendigkeiten anpassen.

Der Wegfall dieser Subventionen und aller Zölle würde die Wirtschaft um mehr als das Doppelte wachsen lassen, als für die Subventionen ausgegeben wird, und den größten Anteil daran hätten die Entwicklungsländer.[5]

Aber auch in anderen Bereichen wird kräftig an den Subventionen verdient, wie beispielsweise in der Pharmaindustrie, die ja die Landwirtschaft und ihre Tierfabriken versorgen.

Auch der Tabakanbau wird mit rund einer Milliarde Euro jährlich gefördert, was die Politiker nicht davon abhält, wie schon ausgeführt, in allen Formen vor den Gefahren des Tabakkonsums zu warnen, führen sie doch zu Gesundheitsschäden, die jährlich ein Vielfaches kosten.

Grund dafür dürfe wohl sein, dass der Tabakkonsum in Form der Tabaksteuer aber auch rund 14.000.000.000 (14 Milliarden) EUR jährlich einbringt.[6] Es sind diese zahllosen Widersprüche in der Politik, die deren Glaubwürdigkeit zu Recht infrage stellen und zu einer Politikverdrossenheit führen.

Die EU ist zu einem undurchschaubaren Umverteilungsapparat geworden, der bei den Bürgern immer mehr an Zustimmung verliert, deren Lobbyisten jedoch nicht nachlassen werden, diese Verhältnisse zu verteidigen.

Diese falsche Politik führt zu gewaltigen Überschüssen an Lebensmitteln. Überschüsse drücken die Preise, erhöhen den Konsum und führen letztlich auch zu deren enormen Vernichtung.

Überall, wo Geld ohne Gegenleistung verteilt wird, entsteht Missbrauch.

Wie viel Infrastruktur brauchen wir?

In Zeiten der Jäger und Sammler war die Infrastruktur sehr überschaubar. Umfangreiche Infrastruktur wurde für die überschaubaren Gruppen nicht benötigt, weil man sich selten länger an einem Ort aufhielt.

Als die Menschen sich sesshaft machten, begann die Infrastruktur zu wachsen. Dies hat sich mit der Zunahme der Weltbevölkerung immer mehr beschleunigt.

Irgendwann erhielt die Entwicklung eine Eigendynamik, die sich anscheinend nicht mehr aufhalten ließ. Man ging sogar so weit, dass man sie auf Ebenen unter und über der Erde verlegt. Hätte man dies im größeren Umfang getan, könnte man heute den öffentlichen Nahverkehr (U-Bahn) als echte Alternative für den individuellen PKW-Verkehr anbieten.

Bis heute ist niemand wirklich bereit, den Ausbau der Infrastruktur zu stoppen bzw. soweit zu beeinflussen, dass sie nicht noch weiter wächst.

Ich bin überzeugt, dass Autos heute in den Innenstädten weitgehend nichts mehr zu suchen haben.

In historischen Städten, die nicht durch Kriege zerstört wurden, in denen die Straßen zu eng, die Bausubstanz aber schützenswert ist, verbannt man die Autos automatisch in die Randbezirke. Dies sollte daher auch grundsätzlich möglich sein.

Ausnahmeregeln lassen sich auch da finden.

Ich habe mich schon in den 80er Jahren, als ich in Hannover lebte, gefragt, warum man die Autos in die Innenstadt ließ, wo sie dann stundenlang im Kreis fuhren, weil alle Parkplätze belegt waren, bis zufällig jemand wegfuhr, während jedes Parkhaus die Schranke erst gar nicht öffnete, weil alle Plätze belegt waren. Dies ließe sich mit den Zufahrtsstraßen der Innenstädte genauso regeln, allerdings müssten dann an diesen Stellen auch ausreichend Park-&-Ride-Plätze angeboten werden.

Neben der erheblichen Zeit, die dadurch verloren geht und sicher reichen würde, um, vielleicht etwas umständlicher, mit öffentlichen Verkehrsmitteln in die Stadt zu gelangen, ist auch ein erheblicher, unnötiger Kraftstoffverbrauch damit verbunden.

Das gleiche Problem hatte man schon damals jeden Morgen auf dem Weg zur Arbeit.

Die Autos schoben sich von Ampel zu Ampel, und man brauchte für kurze Strecken länger als mit dem Fahrrad, oder, wie ich es dann für mich gelöst habe, mit dem Motorroller. Wenn Platz für Autos entfällt, entsteht neuer Platz für öffentlichen Verkehr.

Einen Parkplatz findet man damit in der Regel auch problemlos, hat (zumindest mit dem Fahrrad) möglicherweise noch etwas für seine Gesundheit getan, weniger CO2 ausgestoßen usw.

Die Stadt könnte auf den für den Straßenverkehr stark zurückgebauten Flächen nachhaltig begrünt werden, was den Anstieg der CO2-Werte nochmals senken würde.

Den meisten Menschen würde dies mehr Nutzen als Nachteile bringen.

Wer dennoch mit dem Auto fahren muss, könnte gegebenenfalls Carsharing nutzen, damit sein Auto nicht während seiner Arbeitszeit nutzlos auf dem Parkplatz oder der Garage steht.

Tut er aber nicht, wenn man ihn nicht sanft dazu zwingt. Nicht von heute auf morgen, aber nach und nach. Die Betonung liegt auf „sanft".

Dies gilt auch für viele andere Bereiche.

In Zeiten zunehmender Alterung unserer Gesellschaft werden auch unzählige große Häuser, ursprünglich für ganze Familien gebaut, die es heute ohnehin immer seltener gibt, nur noch von ein bis zwei Personen bewohnt.

Dies führt neben anderen Faktoren (z.B. wachsendem Wohlstand) dazu, dass der Flächenverbrauch bei Wohnungen stetig steigt und laut nach mehr Wohnraum gerufen wird, obwohl wir in der westlichen Welt fast ständig lesen und hören, dass unsere Bevölkerungszahlen schrumpfen.

Täglich (365-mal im Jahr) werden in Deutschland 75-90 Hektar (100 x 100 m = 10.000 qm, im Jahr mindestens 273.750.000 qm) landwirtschaftliche und naturbelassene Fläche in Siedlungs- und

Verkehrsfläche umgewandelt.

Nur ein verschwindend geringer, nicht zusammenhängender Anteil besteht noch im Naturzustand.

Dies sollte gänzlich gestoppt werden. Diese Flächen dürften nur noch umgewandelt werden, wenn im Gegenzug andere Flächen renaturiert werden.

Wie lassen sich Konflikte lösen?

Konflikte wurden seit ewigen Zeiten, die bis in die Gegenwart reichen, nicht selten durch Gewalt gelöst. Dies war nicht zwangsläufig so. Wurden Hierarchien anerkannt, konnte der jeweilige Herrscher sie auch mit der Macht seiner Worte lösen, wenn auch nicht immer zur Zufriedenheit aller Beteiligten.

Mit der Verbesserung der politischen Systeme und damit der Einbeziehung immer größerer Gruppen ließen sich Konflikte durch Abstimmungen und durch Anerkennung der mehrheitlichen Meinung beilegen. Dies gelang noch einvernehmlicher, wenn die betroffenen Parteien Gelegenheit hatten, ihre Standpunkte vorher friedlich auszutauschen und gegebenenfalls Kompromisse zu finden, die vielen gerecht wurden.

Häufig fühlen sich auch unbeteiligte Parteien berufen, in Auseinandersetzungen einzugreifen, zumal, wenn ihre Interessen mittelbar betroffen sind.

Die Erfahrung hat jedoch gezeigt, dass sich Konflikte nur selten durch Einmischung unbeteiligter Parteien lösen lassen. Meistens führen sie zu einer Verlängerung des Konflikts und zu einer Erweiterung der betroffenen Parteien, was zusätzliches Leid verursacht.

Das gilt für fast alle aktuellen Konflikte der Welt, sofern sie uns nicht unmittelbar bedrohen. Daraus ergibt sich nicht die Einstellung humanitärer Hilfsaktionen und diplomatischer Bemühungen einschließlich Sanktionen, wo immer diese möglich und sinnvoll sind, wie sie ja bei übermächtigen Gegnern wie Russland, beispielsweise im Ukraine-Konflikt eingesetzt werden, auch wenn dies zu wirtschaftlichen Einbußen auf beiden Seiten der Konfliktparteien führt.

Es ist allerdings zu befürchten, dass die Konflikte eher zunehmen und die Zahl der Beteiligten größer wird.

Durch immer knapper werdende Energievorräte, weniger Trinkwasser, die Ausbreitung der Wüsten etc. bei gleichzeitig steigender Weltbevölkerung und der Sehnsucht von immer mehr Menschen, an dem ihnen nicht länger vorzuenthaltenden Wohlstand teilzunehmen, ist ein Anstieg der Konflikte eher wahrscheinlich. Entscheidend wird sein, neue Lösungen für die Auseinandersetzungen zu finden.

In Diktaturen, in denen das Eigentum nicht geschützt wird, fließt das Kapital ab.

Auch Staaten, in denen die Korruption nicht ausreichend bekämpft wird, leiden selbst bei vermeintlich guten Bedingungen unter Rezession. So leidet beispielsweise Nigeria, der bevölkerungsreichste Staat Afrikas, fünftgrößter Ölproduzent der OPEC, unter seinem wirtschaftlichen Missmanagement, bei dem Einnahmen in sinnlosen Großprojekten verschwendet werden.

Solche Länder scheitern spätestens, wenn die Einnahmequellen (z.B. aus Bodenschätzen) versiegen.

Wohlstand – geht da noch was?

Die Lebewesen auf der Erde sind mehrere Milliarden Jahre mit den vorhandenen Rohstoffen ausgekommen. Man hat sich zwangsläufig, wenn auch weitgehend unbewusst, der Natur angepasst und, so würde man heute sagen, nachhaltig gelebt, man hat also nicht mehr verbraucht, als die Erde durch Regeneration wieder bereitstellen konnte. In dem Moment, wo man begann, die Natur dem Menschen anzupassen, kam alles aus dem Gleichgewicht. Im Grunde genommen hat man bereits von diesem Moment an, und der liegt schon eine ganze Weile zurück, über seine Verhältnisse gelebt. Die Frage, ob noch eine Wohlstandsmehrung möglich ist, stellt sich also schon seit geraumer Zeit gar nicht mehr.

Aktuell sind wir von einer nachhaltigen Wirtschaft weit entfernt.

Es müssen Organisationsformen gefunden werden, die die Vorteile der freien Marktwirtschaft mit denen einer nachhaltigen Wirtschaft verbinden.

Wenn die Menschheit weiter existieren will, muss sie mit der materiellen Expansion aufhören.

Rudopf Bahro, DDR-Oppositioneller, der für seine Überzeugungen im 1977 erschienenen Buch „Die Alternative" eine achtjährige Gefängnisstrafe in Bautzen absitzen musste, sagte der Menschheit andernfalls „katastrophale zivilisatorische Zusammenbrüche im Zeichen barbarischer Kämpfe und Diktaturen" voraus. An dieser Schwelle stehen wir heute.

Die Möglichkeit, dass dies bald gelingt, ist jedoch gering. Entsprechende bewundernswerte Projekte, die es immer wieder gibt, sind häufig genug schon im kleinen Rahmen nach kurzer Zeit gescheitert. Sie brauchen eine große Beachtung in der Öffentlichkeit, um Erfolge verzeichnen zu können.

Den Zeitpunkt, rechtzeitig umzudrehen, haben wir wahrscheinlich schon verpasst. Natürlich wird es, wie fast immer, zuerst die Schwächsten treffen. Zum Teil hat es sie schon getroffen, und jeder hofft, dass er verschont bleibt. Die meisten Menschen sind zu schwach, ihr Leben zu ändern, ich nehme mich dabei nicht aus. Die Menschen, die sich ändern, tun es für sich. Für die Menschheit wird dieses individuelle Verhalten jedoch kaum Auswirkungen haben.

Wir kennen von allem den Preis, aber nur selten den Wert, sonst würden wir rücksichtsvoller mit dem Angebot der Erde umgehen.

Rudolf Bahro hat wenig Aufmerksamkeit erhalten, auch wenn wissenschaftliche Studien seine Ansichten zum notwendigen Verzicht beim Verbrauch von nicht erneuerbaren Ressourcen immer wieder bestätigt haben.

Dennoch sollte jede Chance genutzt werden. Jeder Einzelne sollte sich immer wieder erreichbare Ziele setzen. Jedes noch so kleine Projekt lohnt sich. Die Wissenschaft hat nachgewiesen, dass nachhaltiger Konsum glücklicher macht.[1]

Zwischen 1820 und 1992 stieg das Durchschnittseinkommen der Weltbevölkerung um mehr als das Siebenfache.

Der Teil der Weltbevölkerung, der in extremer Armut lebte, ist gleichzeitig von über 80% auf unter 25% gesunken. Dies sind beeindruckende Erfolge und gute Argumente für diejenigen, die in stetigem Wachstum die Lösung aller Probleme sehen. Nur wird es wahrscheinlich kein stetiges Wachstum geben, da dafür die Voraussetzungen fehlen.

Solche Verbesserungen sind für große Bevölkerungsgruppen nicht mehr zu erwarten. Die Tendenzen zeigen eher in die andere Richtung. Zwar wächst die Wirtschaft immer noch, dies führt aber nicht mehr zu Einkommenssteigerungen bei den ärmeren Menschen.

Auch ältere Menschen profitieren immer seltener davon. Mittlerweile zahlt beispielsweise etwa die Hälfte der amerikanischen Familien keine Bundessteuern mehr auf ihr Einkommen.[2]

Die Sparquote der Amerikaner sinkt schon seit Jahrzehnten, und seit der Finanzkrise haben sie die Hälfte ihres Vermögens verloren.

Dieser Entwicklung wird durch immer neue, größere Schulden begegnet. Es ist fraglich, ob eine solches Vorgehen langfristig erfolgreich sein kann und nicht doch dazu führt, dass man sich eines Tages erstaunt eingestehen muss, lange Zeit über seine Verhältnisse gelebt zu haben und dann auch die Konsequenzen tragen zu müssen. Im täglichen Leben der Menschen findet dies genau so statt.

Der Aufwand, der erforderlich ist, um den Lebensstandard zu halten, ist deutlich größer geworden. Heute arbeiten viele Frauen mit, müssen also auf Freizeit verzichten, obwohl sie für die Versorgung mit Lebensmitteln inzwischen weniger als 15% ihres Einkommens ausgegeben müssen.[3]

Der Aufwand, der erforderlich ist, um den Lebensstandard zu halten, ist jedoch deutlich größer geworden.

Die Niedrigzinspolitik ist auch eine Folge der wachsenden Verschuldung in der westlichen Welt. Langfristig schaden wir uns natürlich selbst, zumal im Westen die Bevölkerung zunehmend überaltert und damit ein immer größer werdendes Missverhältnis von erwerbstätiger zu nicht erwerbstätiger Bevölkerung entsteht. Niedrige Zinsen bedrohen zunehmend unsere Altersvorsorge.

Die Rente reicht für manche ältere Menschen schon heute kaum zum Leben. Die Abwägung, wofür das Geld ausgegeben wird, findet weitgehend ohne die Bürger statt. Hier spielen, wie meistens, wirtschaftliche Interessen die Hauptrolle.

Brauchen wir Wachstum?

Da wir schon länger über unsere Verhältnisse leben, stellt sich auch die Frage nach Wachstum nicht, es sei denn, man betrachtet sie einseitig zu Lasten anderer. Und genau das tun wir in der westlichen Welt schon seit längerer Zeit. Wir stellen unsere Bedürfnisse über die der anderen, im „Notfall", und der herrscht schon einige Jahrzehnte, wenn nicht Jahrhunderte, zu Lasten nachfolgender Generationen, die sich entsprechend einschränken müssen, ohne damit den erforderlichen Ausgleich überhaupt schaffen zu können.

Von den Politikern und der Wirtschaft hören wir ständig, dass wir Wachstum brauchen.

Wenn die Wirtschaft wächst, gehört nicht viel dazu, Erfolg zu haben. Deshalb ist es so verlockend, immer nach Wachstum zu rufen. Wir haben schlicht keine Lösungen, in Zeiten ohne Wachstum erfolgreich zu sein.

Wachstum ist jedoch immer zeitlich begrenzt, und erst wenn er ausbleibt, zeigt sich, wer gut wirtschaften kann.

Die Menschen streben nach immer mehr Wohlstand. Dies führt dazu, dass inzwischen fast alle Lebensbereiche ökonomisiert wurden. Aus allem wird ein Geschäft gemacht.

Was Gewinne bringt, darf nicht verhindert werden. Was technisch möglich ist, wird auch gemacht.

Das sind die Maxime unserer Politik, denen sich alles unterzuordnen hat.

Und inzwischen ist fast alles möglich. Der Reiz, etwas Neues zu entdecken sinkt, was zu Unzufriedenheit und Trägheit in unserer Gesellschaft führt.

Nicht zufällig versuchen sich junge Leute immer häufiger an Extremen: Extremsport, Komasaufen, Drogen, Sexorgien usw.

Zu Beginn des wirtschaftlichen Aufschwungs gab es zahlreiche kleine und mittlere Familienunternehmen, die von der nächsten Generation häufig weitergeführt wurden. Noch vor gut 50 Jahren war jeder dritte Erwerbstätige selbst Arbeitgeber.[1]

In Deutschland gibt es zahlreiche hervorragende Beispiele dafür. Die Inhaber identifizierten sich in hohem Maße mit ihrem Unternehmen, den Menschen, die für sie tätig waren, und ihrem Standort.

Sie waren ein wesentlicher Faktor für den wirtschaftlichen Erfolg unseres Landes.

Mit zunehmendem Wohlstand, bei gleichzeitig rückläufigen Geburtenraten, geht die Anzahl der Familienunternehmen zurück und mit ihnen die oben genannten Errungenschaften. Das Unternehmen ist nicht an Personen gebunden, die Mitarbeiter arbeiten weitgehend anonym, der Standort richtet sich nach den wirtschaftlichen Gegebenheiten, die sich immer schneller verändern, eine Identifikation findet nur noch selten statt.

Als mein Vater in den frühen 1960er Jahren bei Continental in Hannover arbeitete, sprach man noch von der „Conti-Familie".

Ganze Generationen waren vom Eintritt ins Berufsleben bis zur Rente dort beschäftigt. Man war „Continentäler", bekam Unterstützung bei der Wohnungssuche, eine Betriebsrente und passte gegenseitig auf sich auf.

Als ich Anfang der 80er Jahre ebenfalls dort tätig wurde, war davon immer seltener die Rede.

Heute werden die Produkte dort hergestellt, wo dies am preiswertesten gelingt.

„Globalisierung" nennt man das, wenn die Produkte unabhängig von westlichen Lohnstandards und Arbeitsbedingungen produziert werden.

Es ist der Preis, der zählt.

Die Qualität soll natürlich auch stimmen, auch wenn man da womöglich zu Zugeständnissen bereit ist, solange die Kasse klingelt.

Deshalb schickt man Fachleute in die entsprechenden Länder, um den Menschen vor Ort zu zeigen und zu erklären, wie man die Produkte bei gleichbleibend niedrigem Preis, aber nach westlichen Standards herstellen kann.

Allein in den letzten 50 Jahren, also zu Lebzeiten meiner Generation, ist die Weltwirtschaft um das Siebenfache gewachsen.

Spitzenreiter beim Pro-Kopf-Konsum (und nicht nur da) sind die USA.[2]

Der wachsende Wohlstand führt zu so abwegigen Bedürfnissen, wie beispielsweise elektrisch beheizbaren Toilettensitzen in Japan. Brauchen wir das wirklich?

Mittlerweile werben einige Autohersteller damit, dass sie unnötige Extras weglassen. Dies ist zu begrüßen. Anstelle von unnötigen Extras sollte man wieder mehr Wert auf Qualität und damit auf Nachhaltigkeit legen. Stattdessen wird bewusst an der Qualität gespart. Schließlich lässt sich mit Ersatzteilen auch noch ein Geschäft machen.

Es wäre wünschenswert, wenn auch andere Branchen dazu übergingen, zu prüfen, ob ihre Produkte in der angebotenen Form überhaupt benötigt werden. Stattdessen werden immer neue Produkte ohne jeden Nutzen erfunden und die Bedürfnisse dafür bei den Verbrauchern künstlich geweckt.

Der Anspruch eines ständigen Wirtschaftswachstums bringt unser Wertempfinden zunehmend aus dem Gleichgewicht. Korruption nimmt zu und gefährdet unsere Gesellschaft.

Wenn unser Handeln sich von der Wahrheit, der Übereinstimmung mit der Wirklichkeit bzw. den Tatsachen entfernt, wird es beliebig. Dies hat unabsehbare Folgen.

Wir schauen diesbezüglich herablassend auf Länder wie Griechenland, Italien und Russland, die ihre Korruption nicht in den Griff bekommen und dadurch teilweise in beachtliche Schieflage geraten sind, bedienen uns aber ähnlicher Instrumente, wenn es um eigenes

Wohlergehen geht.

Bis Mitte der 1990er Jahre konnten in Deutschland Bestechungs-
zahlungen als nützliche Aufwendungen sogar von der Steuer abge-
setzt werden.

Obwohl dies seit 1996 nicht mehr möglich ist, hat dies wenig zum
Umdenken geführt. Erst als festgestellt wurde, dass saubere Unternehmen erfolgreicher arbeiten, begann ein Umdenkprozess. Nicht
die Werte waren ausschlaggebend, sondern, wie so oft, der wirtschaftliche Erfolg.

In diese Richtung muss weiter nachgedacht und gearbeitet werden.

Die Rahmenbedingungen müssen sich so entwickeln, dass es sich
auch unter egoistischen Gesichtspunkten lohnt, moralisch zu handeln.

Macht und Geld

Unsere Vorfahren hatten noch kein Geld. Auch Besitz als Ersatz war
aus schon beschriebenen Gründen wenig sinnvoll. Machtansprüche
waren ihnen zwar nicht fremd, jedoch nur begrenzt von Bedeutung,
weil sie in der Regel nicht benötigt wurde.

Jedes Problem unserer Zeit dagegen lässt sich auf mindestens einen
dieser beiden Faktoren zurückführen. Es geht immer um Macht oder
um Geld (nicht selten auch um beides).

Das Verlangen nach Macht gehört zum Menschen wie der Sexual-
trieb, ihm kann sich niemand entziehen.

In der modernen Gesellschaft ist das Geld hinzugekommen, das
nicht selten zum Machterhalt benötigt wird.

Die Welt ist ein großer Markt geworden. Alles dreht sich um Konsum,
Wachstumsraten und den größtmöglichen Profit. Dies führt dazu,

dass notwendige politische Entscheidungen nicht durchsetzbar sind, wenn der Nutzen nicht unmittelbar erkennbar und erlebbar wird.

Diesem globalen Markt können sich nur wenige entziehen, sogar unabhängig vom politischen System.

Macht hängt am Wohlstand. Bleibt dieser aus, wandern die Menschen dem Wohlstand hinterher, sofern sie nicht daran gehindert werden. Letztlich war das schon bei der Wiedervereinigung Deutschlands nicht anders, als die Menschen aufgrund der ungleichen Verhältnisse auf die Straße gingen.

Die Frage ist: Wollen wir das so?

Offensichtlich schon – so scheint es zumindest!

Sind wir satt?

Wir haben häufig das Gefühl dafür verloren, ob wir satt sind. Wir essen gar nicht mehr, wenn wir Hunger haben, und wir hören auch nicht auf zu essen, wenn wir satt sind. Das unbegrenzte und immer verlockendere Angebot an Nahrungsmitteln macht uns im wahrsten Sinne des Wortes „unersättlich".

Gleichzeit verhungern und verdursten heute noch in anderen Teilen der Welt jeden Tag mehrere 10.000 Kinder auf der Erde, rund eine Milliarde Menschen hungern[1] und jede Stunde sterben 1.000 Menschen an Unterernährung. Dies geschieht nicht, weil unsere Erde nicht genügend Lebensmittel bereitstellen könnte, sondern weil es politisch in Kauf genommen wird.

Gleichzeitig sind über 2.000.000.000 (2 Milliarden) Menschen übergewichtig und rund drei Millionen von ihnen sterben jährlich sogar daran.[2]

Dies sind trotzdem deutlich weniger Menschen, als vor der Bevölkerungsexplosion prophezeit wurde. Die Gesellschaft hat sich immer wieder den Problemen angepasst und neue Wege gefunden, sie zu lösen. Beispiele sind die Grüne Revolution in den 1960er Jahren, durch die die Produktivität der Landwirtschaft erheblich gesteigert werden konnte, aber auch die Globalisierung, die das weltweite Wirtschaftswachstum beschleunigte.

Da dies so war, glauben auch heute viele Menschen, dass der Mensch in der Lage ist, für alle Probleme Lösungen zu finden. Vielfach scheint es auch so. Ein Hindernis könnte jedoch sein, dass wir die Lösungen nicht rechtzeitig finden. Die Geschwindigkeit, mit der sich unsere Welt verändert, hat enorm zugenommen. Wir müssen also im gleichen Tempo auch Lösungen finden.

Die Globalisierung, die viele Probleme unserer Zeit vorläufig gelöst hat, verringerte aber gleichzeitig auch den Anreiz, sparsamer mit den Gütern umzugehen, da die niedrigen Preise keinen Anreiz bieten, den Verbrauch zu reduzieren.

120-150 Liter Trinkwasser verbrauchen wir täglich pro Kopf in Deutschland. Davon werden nur wenige Liter tatsächlich zum Trinken (oder Kochen) verwendet.

Dies bedeutet eine unglaubliche Verschwendung dieses hoch anspruchsvollen Lebensmittels.

Der größte Wasser- (nicht Trinkwasser-) Verbraucher in Deutschland sind die Landwirtschaft (wie auch in der übrigen Welt unglaubliche Mengen zur Bewässerung eingesetzt und nicht selten verschwendet werden).

Es ist, auch unter marktwirtschaftlichen Gesichtspunkten, nur schwer nachvollziehbar, wenn auch erklärbar, warum die Rohölpreise in der jüngeren Vergangenheit so häufig schwanken. Tatsächlich handelt es sich doch um eine Ressource, die immer knapper wird und deshalb eigentlich kontinuierlich im Preis steigen sollte.

In der westlichen Welt wird viel zu viel und zu einseitig gegessen. Übergewicht und Magenbeschwerden mit all seinen negativen, die Volkswirtschaft belastenden Begleiterscheinungen ist die Folge.

In Kombination mit Bewegungsmangel führt falsche Ernährung zu erheblichen Gesundheitsschäden. So haben bereits 60% aller Kinder Haltungsstörungen, 40% klagen über Rückenschmerzen und immer mehr Kinder bekommen Beruhigungsmittel verabreicht.

Gleichzeitig sind rund 20% aller Mädchen untergewichtig, noch mehr leiden zumindest unter Essstörungen, obwohl sie genug zu essen bekommen. Sie jagen einem anderen Ideal hinterher.

Die Folgekosten von Tabak- und Alkoholkonsum betragen 250.000.000.000 (250 Milliarden) Euro im Jahr.[3]

Für die Politik gibt es wenig Anlass, hier entscheidende Verbesserung vorzunehmen. Noch immer darf für Tabak und Alkohol geworben werden. Eine ganze Generation trifft sich mindestens am Wochenende zum „Vortrinken", weil das Betrinken in den angesagten Clubs zu teuer wird. Die Politik diskutiert derweil über die Legalisierung von Rauschgift, so sinnvoll das in Einzelfällen auch sein kann.

Die Landwirtschaft ist schon lange an ihre Grenzen gestoßen und hat sie größtenteils bereits überschritten.

Dafür zahlen wir alle einen hohen Preis.

Die Steigerung der Erträge wurde durch den weitaus höheren Einsatz von Düngemittel und Pestiziden zur Bekämpfung von Schädlingen erkauft.

Eine Meldung, die kaum jemanden mehr aufregt. Warum ist das so? Wir sind bequem geworden, haben uns in unserem Wohlstand eingerichtet. Kaum noch einer geht auf die Straße, um für mehr Frieden und Gerechtigkeit zu demonstrieren. Wir sind fest eingebunden in einen Alltag, der uns an unsere Leistungsgrenzen bringt. Schließlich hat man dann doch auch ein Recht auf Feierabend, Wochenende und

Urlaub. Wir brauchen diese Erholungszeiten anscheinend mehr denn je. Dabei ist es gar nicht die Menge an Arbeit, die zugenommen hat – unsere Eltern und Großeltern haben sicher weniger Freizeit gehabt, auch ist die körperliche Belastung eher gesunken, dennoch kommen wir häufig erschöpft nach Hause und suchen Ablenkung und Entspannung. Offensichtlich muss es andere Gründe geben, wie den größeren Leistungsdruck, die Sorge um den Arbeitsplatz und vieles mehr.

Außerdem muss man auch darauf achten, dass man sich angemessen vergnügt, um beim der nächsten Feier nicht als Verlierer zu gelten, wenn die anderen von ihrem letzten Urlaub in der Karibik oder ihrem neuen Auto erzählen.

Dass es den meisten Menschen deutlich schlechter geht als uns und wir eigentlich sehr zufrieden sein könnten, nehmen wir dabei kaum zur Kenntnis, obwohl wir doch ständig darüber aufgeklärt und informiert werden.

Wir nehmen meist nur Anteil an dem Schicksal von Menschen in unserer unmittelbaren Umgebung. Soziologen haben herausgefunden, dass wir Menschen mit maximal 150 Personen gleichzeitig eine lose Beziehung pflegen können.[4]

Die negativen Nachrichten aus aller Welt, die uns heute ständig und überall erreichen, lassen wir nur selten an uns heran. Dazu sind es viel zu viele. Selbst im Wartezimmer beim Arzt werden wir heute über die Bildschirme von den Nachrichtensendern mit den neuesten Entwicklungen in der Welt vertraut gemacht.

In Deutschland werfen wir nahezu die Hälfte unserer Lebensmittel weg.

Nach Schätzungen geht es um Lebensmittel im Wert von 2.000.000.000 (2 Milliarden) Euro im Jahr. Eine Zahl, mit der auch kaum noch jemand etwas anfangen kann, werden doch die Beträge bei fast allen Leistungen nur noch in Milliarden angegeben, egal, ob es sich dabei um Waffenlieferungen oder Hilfspakete handelt.

Viel bedenklicher ist aber, dass allein mit der Hälfte der in Europa vernichteten Lebensmittel die Hungernden der Welt ernährt werden könnten.

Natürlich lässt sich der Hunger nicht so einfach beseitigen, wie es durch diese Zahlen den Anschein hat. Zunächst sind dies nur statistische Feststellungen. Die Probleme in den betroffenen Ländern sind komplexer. Es fehlt nicht einfach nur an Lebensmitteln. Vielfach sind die politischen Verhältnisse einfach nicht geeignet, die Hungernden nachhaltig zu versorgen. Jedoch machen diese Zahlen die Dimension der Verschwendung deutlicher.

Die großen Abfallmengen entstehen auch dadurch, dass Lebensmittel heute immer häufiger, in vorgegeben Mengen verpackt, verkauft werden. Die z.T. sensationell günstigen Preise machen einem die Entscheidung leicht, auch Packungsgrößen zu kaufen, die eigentlich zu groß sind. Gleichzeitig erhöhen sie die Mengen an Verpackungs- und sonstigem Müll, und seien es auch nur Bioabfälle durch die nicht verbrauchten Lebensmittel. Auch diese müssen mit allen entsprechenden Kosten und Umweltschäden entsorgt werden.

Dies sind typische Gestaltungsfelder der Politik, die nicht ausreichend wahrgenommen werden. Dazu muss man nicht einmal Umweltpolitiker sein. Es geht auch hier, allerdings nur langfristig gesehen, um marktwirtschaftliche Gesichtspunkte.

Die fünf großen Konzerne Aldi, Lidl, Edeka, Rewe und Metro kontrollieren 90% der der Lebensmittelversorgung in Deutschland. Kein Wunder also, dass sie bestimmen, was und wie und zu welchem Preis etwas verkauft wird, wenn die Politik nicht korrigierend eingreift.

Irgendjemand wird das schon essen, denkt man beim Einkauf.

Vielleicht ist dies auch eine Ursache dafür, dass immer mehr Menschen in westlichen Ländern übergewichtig sind.

In den meisten Fällen wird es aber eben nicht gegessen, sondern nach kurzer Zeit weggeworfen.

Allein in den USA geben die Menschen jedes Jahr mehr Geld für Diäten aus, als nötig wäre, um die Hungernden im Rest der Welt zu ernähren.[5]

Dieses Geld könnte sinnvoller eingesetzt werden, ohne dass irgendjemand auf etwas verzichten müsste, mit dem er sogar noch seine Gesundheit gefährdet.

„Wie krank ist das denn?", würde die Jugend heute sagen, ohne es häufig selbst besser zu machen. Wir merken gar nicht, wie wir ständig dazu manipuliert werden, uns völlig abwegig zu verhalten.

Gandhi hat gesagt: „Es ist genug da für die Bedürfnisse der Menschen, aber nicht genug für die allgemeine Gier".

Aktuell verbrauchen wir 1,4-mal so viel, wie die Erde an nachwachsenden Ressourcen zur Verfügung stellt.[6]

Wir leben in einer Gesellschaft, in der alles jederzeit verfügbar ist.

Warum soll ich da zwei Tage nacheinander das Gleiche essen, wie es in unserer Kindheit noch völlig normal war?! Unsere Mütter hatten sowohl die Zeit als auch die Kreativität, übrig gebliebene Lebensmittel weiter zu verarbeiten. Sie sind so groß geworden.

Kartoffeln, die mittags übriggeblieben sind, wurden am Abend als Bratkartoffeln zubereitet.

Milchreste wurde zu Dickmilch, Reis oder Nudeln mit einem aufgeschlagenen Ei angebraten.

Die Auswahl an Mahlzeiten war auf das saisonale Angebot begrenzt.

Im Winter wurden wir in den Keller geschickt, um eingeweckte Köstlichkeiten zu holen.

Ich erwähne das nicht, weil ich damit zum Ausdruck bringen will, dass früher alles besser war. Es schadet aber nicht, seine Gewohnheiten von Zeit zu Zeit einmal in Frage zu stellen.

Ein weiterer Grund für die großen Abfallmengen sind die Haltbarkeitsdaten.

Strenge Vorschriften führen dazu, dass Lebensmittel häufig vernichtet werden, obwohl sie eigentlich noch in Ordnung sind.

Die heutige Generation unserer Kinder hat keine Lebensmittelknappheit mehr kennengelernt, wie noch die Generation unserer Eltern, die nie daran gedacht hätten, Lebensmittel zu vernichten. Mein allein lebender Vater geht lieber täglich gezielt einkaufen, als verdorbene Lebensmittel, die er nicht verbrauchen kann, wegzuschmeißen.

Das größte Problem aber ist der hohe Fleischkonsum und die damit einhergehende Viehhaltung.

Weltweit gibt es rund eine Milliarde Rinder, eine Milliarde Schafe und 25 Milliarden Hühner.

Zusammen mit den übrigen Nutztieren bringen sie mehr als doppelt so viel Gewicht auf die Waage wie die gesamte Menschheit, die freilebenden Wirbeltiere dagegen nur etwa ein Drittel.[7] 70% des in den USA gezüchteten Getreides und 90% des Sojamehls dienen nur als Viehfutter. Noch schlimmer: Auch 80% der Antibiotika werden in deren Viehzucht eingesetzt und schaffen damit Resistenzen, deren langfristige Folgen noch gar nicht absehbar sind und enorme Folgekosten verursachen. Auch so kann man die Wirtschaft natürlich am Laufen halten. Die Frage ist nur, welchen Preis wir (oder unsere Nachkommen) dafür langfristig zahlen.

Ein Drittel der eisfreien Fläche unseres Planeten wird als Weideland oder zum Anbau von Viehfutter benötigt.

Man braucht drei Kilo Getreide und, noch schlimmer, 21.800 Liter Wasser (!), um ein Kilo Rindfleisch zu produzieren, während in anderen Teilen der Welt Menschen verdursten.

Bei Schweinen ist die Umwandlungsrate günstiger (4:1) bei Geflügel immerhin noch 2:1.

Berücksichtigt man die Energiekosten und den benötigten Kunstdünger, wird bei der Herstellung von tierischem Eiweiß sogar achtmal so viel Energie verbraucht wie bei der Herstellung von pflanzlichem Protein.

Trotzdem wächst die Nachfrage nach Rindfleisch schneller als die Bevölkerung[8], und wo eine Nachfrage ist, gibt es auch bald ein Angebot oder, häufig noch schlimmer, es werden Angebote erdacht, für die man noch eine Nachfrage schaffen muss.

An diesen Zahlen kann man ermessen, welche Einsparpotentiale allein an Energie und Wasser, zwei knapper werdende Ressourcen, nur durch eine Umstellung der Ernährung zu erreichen wären.

Während freilebende Hühner eine Lebenserwartung von sieben bis zwölf Jahren haben und Rinder von 20-25 Jahren, leben sie heute in Gefangenschaft teilweise nur noch wenige Wochen oder Monate.[9]

Etwa zwölf Millionen Tiere sterben jedes Jahr allein in Deutschland, einem Land, wo fast alles gesetzlich geregelt wird, während der Mast an den Haltungsbedingungen.

Schlimmer noch: Zwei Drittel der Kühe müssen wegen zuchtbedingter gesundheitlicher Schäden vorzeitig geschlachtet werden. Ganz zu schweigen von den fast 40 Millionen männlichen Küken, die jährlich aus fragwürdigen Gründen getötet werden.[10]

Man muss kein Umweltaktivist sein, um dies zu verurteilen. Die Politik hat unzählige Gestaltungsgebiete. Die Haltungsbedingungen wären nur eines davon. Getan wird vergleichsweise wenig. Stattdessen mischt sich die Politik in fast alle Lebensbereiche ein. Viele davon benötigen keine Reglementierung durch die Politik. Von vielen versteht sie auch wenig, und ihr Einfluss wirkt sich nicht selten negativ aus.

Ich habe Respekt vor jedem Vegetarier, wenn er damit gegen die Massentierhaltung protestieren will. Sich lediglich pflanzlich ernähren zu wollen, um keine Lebewesen zu töten, wie vereinzelt argumentiert wird, ist dagegen unrealistisch. Auch Vegetarier, sogar Veganer, vernichten Leben. Schon, wenn sie nur Wasser trinken, werden Mikroorganismen getötet. Auch Pflanzen sind letztlich Lebewesen. Es geht vielmehr darum, aus Tieren keine Ware oder gar Industrieprodukte zu machen. Diese Haltung ist ausdrücklich wünschenswert und zu befürworten. Allerdings müsste die Ernährung der Weltbevölkerung dann durch rein pflanzliche Lebensmittel gewährleistet werden, was auch nicht ohne Probleme möglich ist, da man sehr genaue Kenntnisse braucht, wie man die vom Körper benötigten Fette, Vitamine, Spurenelemente etc., die man ansonsten durch tierische Produkte zu sich nimmt, ersetzen kann.

Es geht also nicht darum, alle Menschen zu Vegetariern zu machen. Es geht um ein angemessenes Maß an Fleischkonsum.

Wir hätten jedoch schon viele Probleme weniger, wenn jeder einfach nur hin und wieder ein Stück Fleisch essen würde, so wie es in meiner Kindheit normal war. Fleisch gab es, wenn man es sich leisten konnte, am Sonntag, vorzugsweise mit Gemüse aus eigenem Garten.

Den Rest der Woche gab es Eiergerichte, Milchspeisen, Eintöpfe, vielleicht auch mal Fisch.

Bei der Produktion von einem Kilogramm Rindfleisch wird zehnmal so viel Wasser verbraucht wie bei der Produktion von einem Kilogramm Weizen.[11]

Angesichts dieser Zahl braucht es eigentlich keine weiteren Argumente für eine überwiegend pflanzliche Ernährung.

Das Überangebot führt auch dazu, dass nur sogenannte einwandfreie

Lebensmittel verkauft werden können. Rund 40% der Kartoffeln verrotten auf den Feldern oder werden bestenfalls an in der Massentierhaltung an Schweine verfüttert.[12]

Letztlich ist die Landwirtschaft zum größtem Umweltzerstörer geworden, denn sie ist die größte Quelle von Treibhausgasen.

Warum gibt es Geld?

Unsere Vorfahren kannten kein Geld. Sie brauchten auch keines, da alles innerhalb der Gruppe geteilt wurde. Erst als der Mensch sesshaft wurde, gab es Besitz und damit unterschiedliche Verhältnisse, Arbeitsteilung und somit das Bedürfnis, Besitztümer zu tauschen. Da dies nicht immer sinnvoll möglich war, wurden Wertgegenstände zum Handel verwendet, die dann nach und nach durch Geld ersetzt wurden.

Das erste Geld wurde vor ca. 2.650 Jahren in der heutigen Westtürkei geprägt. König Alyattes bürgte mit einem Siegel für deren Wert. Die Münze hatte aber auch einen garantierten Anteil an Edelmetall, das damals als gebräuchlichste Währung weltweit verwendet wurde, sofern man keine Waren tauschen wollte.

Edelmetall hatte immerhin einen kulturellen Wert, denn es taugte zur Herstellung von Luxusgütern, wie etwa Schmuck. Zur Verarbeitung in gebräuchliche Güter, z.B. Werkzeugen, war es dagegen ungeeignet.

Der Kredit existierte noch nicht. Es war nicht vorstellbar, Geld für Dinge bereitzustellen, die nicht existierten und erst in der Zukunft entstehen sollten.

Bis zum 1. Weltkrieg, also noch vor rund 100 Jahren, konnte jeder auf Wunsch den Gegenwert seiner Banknoten in entsprechende

Gold- oder Silbermünzen ausgezahlt bekommen. Selbst Mitte der 1970er Jahre war die Geldmenge noch identisch mit der Menge an verfügbaren Waren.

Dieser Anspruch besteht heute nicht mehr. Geld ist zum Selbstzweck geworden.

Heute verdienen die Banken mehr Geld mit den Provisionen, die sie dafür bekommen, dass sie Geldmengen und Firmenbeteiligungen bewegen, als an Krediten.

Die Politik schaut dabei weitgehend machtlos zu und übernimmt im Falle des Scheiterns der Banken die Rolle des Reparaturbetriebes. Die Reparaturkosten trägt sie dabei außerdem noch zu Lasten der Steuerzahler, die natürlich überhaupt nicht gefragt werden, ob sie damit einverstanden sind. Politiker bezeichnen ein solches Vorgehen gern als „alternativlos".

Heute existieren über 90% des Geldes nur in Computern und sind nicht, wie früher, durch Werte abgesichert. Wegen der im Vietnam-Krieg verursachten Überschuldung hob die US-Zentralbank unter Präsident Nixon 1971 die Goldeinlösungspflicht für ausländische Zentralbanken auf. Dadurch wurde ein weltweites System willkürlicher Geldvermehrung und steigender Staatsverschuldung etabliert. Heute setzt man setzt immer häufiger auf Finanzwetten statt auf Realwirtschaft.

Die globalen Finanztransaktionen haben sich im Laufe weniger Jahre vervielfacht.

Häufig reichen scheinbar harmlose Informationen aus, um gigantische Gewinne oder eben Verluste zu erzeugen. Diese Tatsache leistet Korruption und Insidergeschäften Vorschub.

Gewinnmaximierung ist das oberste Ziel im Turbokapitalismus. Da bleibt die soziale Marktwirtschaft zwangsläufig auf der Strecke.

Bargeld wird nur noch bei 10% aller Geschäfte benötigt und man spricht schon davon, es abzuschaffen. Es hat kaum einen materiellen Wert, sondern nur einen Nennwert, der auf dem Vertrauen beruht, dass andere ihn gleich hoch bewerten. Wie schnell sich so ein Wert verändern kann, kann man täglich an den Börsen beobachten. Das englische Pfund verlor innerhalb weniger Minuten im Zuge des Brexits derart viel, dass es auf einen Stand von vor 30 Jahren zurückfiel, auch wenn es sich bald danach wieder erholte.

Heute gibt es immer mehr „Produkte", die keinen Sachwert besitzen und daher auf das Vertrauen der Konsumenten angewiesen sind.

Als die Märkte 2007 zusammenbrachen, wurden Verluste von mehr als 1.000.000.000.000 (1 Billion) US-Dollar gemacht. Das Geld verschwand einfach aus den Computern der Banken, ohne dass real auf der Erde irgendetwas verloren gegangen wäre.

Wenn das Vertrauen nachlässt, investieren Anleger daher lieber in Sachwerte wie Gold oder Immobilien.

In früheren Krisenzeiten wurden Sachwerte wie Zigaretten, Brennholz, Schinken etc. auch zu Ersatzwährungen.

Die kapitalistische Wirtschaft investiert ihre Gewinne wieder in die Produktion und sorgt somit für Wachstum.

Anders als die Adligen im Mittelalter, die mit ihrem Vermögen ihren Konsum steigerten, trägt heute auch ein Hilfsarbeiter, der einen Teil seines Vermögens in Aktien steckt, zu diesem Wachstum bei.

Der Kapitalismus hat aber auch in der Vergangenheit schon viel Unglück über die Menschheit gebracht.

Die Gier nach immer mehr Gewinn führte u.a. dazu, dass rund zehn Millionen Afrikaner als Sklaven nach Amerika verschleppt wurden, wodurch viele nicht nur ihre Freiheit, sondern auch ihr Leben verloren.

Auch der Handel mit Drogen ist eine Folge dieser Gewinnsucht, da sich mit der Abhängigkeit leichtes Geld verdienen lässt.

Macht Geld glücklich?

Steve Jobs, der inzwischen verstorbene ehemalige Apple- Chef, war Milliardär. Er besaß aus verschiedenen Gründen einige Luxusartikel, wie ein Flugzeug und schicke Autos. Er ging auch gern Essen (er war übrigens überzeugter Vegetarier), aber glücklich gemacht hat ihn das alles nicht. Ein Flugzeug besaß er, um kostbare Zeit zu sparen, und die Autos leistete er sich, weil ihm ihr Design gefiel.

Er wollte vielmehr die Welt verändern. Auf alles, was ihm dabei im Wege war, konnte er dabei verzichten (im Zweifelsfall auch auf die Autos). Dabei war er teilweise sehr rücksichtslos und sicher kein Vorbild für unsere Gesellschaft. Er trennte sich von Mitarbeitern, die ihn nicht überzeugten. Irgendwelche Dresscodes interessierten ihn nicht, auch auf Körperpflege meinte er lange Zeit, zum Leidwesen seiner Mitmenschen, verzichten zu können, er wohnte vergleichsweise bescheiden und selbst seine Familie bekam häufig keine ausreichende Aufmerksamkeit. Er hat sehr viel gearbeitet. Geld war für ihn nur ein notwendiges Mittel, um seine Ziele umzusetzen.

Nun kann man sich intensiv über die Begriffe „Glück" und „Zufriedenheit" streiten. Nicht jeder, der zufrieden ist, ist auch glücklich.

Zufriedenheit ist ein Umstand, der sich nicht kurzfristig erreichen lässt; Glück ein Zustand, der sich nicht auf Dauer erhalten lässt.

Viele Menschen sind mit ihrem Leben zufrieden, weil sie einen gewissen Lebensstandard erreicht und einen netten Freundeskreis gefunden haben und weitgehend gesund sind.

Es gehört also mehr als ein dickes Bankkonto dazu, um zufrieden zu sein.

Allerdings ist es auch schwer, ohne Geld zufrieden zu sein, denn gewisse Grundbedürfnisse hat jeder Mensch, und die lassen sich in der Regel ohne Geld auch nur schwer befriedigen.

Die Menschen sind zudem unterschiedlich. Manche brauchen sehr wenig, um mit ihrem Leben zufrieden zu sein. Wenn sie nicht in wohlhabenden Familien aufgewachsen sind, vergleichen sie sich auch eher mit den Menschen, denen es ähnlich geht wie ihnen.

Kranke wollen zuerst gesund werden, bevor sie sich mit anderen Zielen befassen. Alles, was man bereits hat, verschafft einem nur dann Befriedigung, wenn man im Vergleich mit anderen seine Privilegien erkennt.

Ich weiß aufgrund eigener Erfahrung aus dem Kreis meiner Familie zu berichten, dass man auch mit bescheidenen Mitteln durchaus ein zufriedenes und erfülltes Leben führen kann.

Wie schon berichtet, lässt sich das Wohlbefinden ab einer bestimmten Grenze nicht mehr durch weiteres Einkommen steigern.

Untersuchungen haben gezeigt, dass die Menschen in Hongkong, die zu den größten Verdienern weltweit gehören, sich bei der Frage nach der Zufriedenheit mit ihrem Leben nur im mittleren Bereich sehen, während die die Menschen in Ländern wie Brasilien, Costa Rica oder Mexiko, die man eher zu den Geringverdienern zählen muss, sich bei der der Lebenszufriedenheit im oberen Bereich sehen.[1]

Hohe Einkommen erfordern nicht selten auch einen großen Einsatz, den nicht jeder bereit ist zu leisten.

Stress lässt sich durch Geld nicht reduzieren.

Das erklärt vielleicht, warum es in traditionellen Gesellschaften eine deutlich geringere Selbstmordrate gibt, als in den entwickelten Ländern mit größerem Wohlstand.

Selbst Adam Smith, der bekanntlich sehr für das Streben nach Reichtum geworben hat, war gegenüber dem persönlichen Nutzen von Reichtum eher skeptisch, wie der Historiker Keith Thomas bemerkt.

Karl Rabeder, der Österreicher, der sein ganzes Vermögen, wie er sagt, gegen den Sinn des Lebens eingetauscht hat, hat es so formuliert:

„Mit Geld kannst Du ein Haus kaufen, aber kein Zuhause, eine Uhr, aber keine Zeit, ein Bett, aber keinen Schlaf, ein Buch, aber keine Weisheit, Blut, aber kein Leben, Sex, aber keine Liebe, eine Position, aber keine Achtung, einen Urlaub, aber keine Erholung."[2]

Die Reihe ließe sich sicher noch beliebig ergänzen.

Rabeder hat in seinem Leben sicher viele wohlhabende Menschen kennengelernt, fühlte sich aber in Lateinamerika unter einfachen Menschen wohler als in der Gesellschaft der Reichen, weil die meisten Menschen in Lateinamerika trotz ihrer einfachen Lebensverhältnisse glücklicher wirkten.

In den westlichen Ländern, wo die Menschen häufig gestresst sind, findet man viele weniger glückliche Menschen, auch wenn sie grundsätzlich mit ihrem Leben zufrieden sind. Beispiele dafür findet man Dänemark (sie gelten als selten gut gelaunt) und Italien (die Italiener gelten allgemein als sehr aufbrausend).

Deshalb unterstützt Rabeder mit Mikrokrediten Menschen, die sich mit wenig Geld eine Existenz aufbauen wollen. In vielen Ländern reichen dafür schon 50 Euro.

Zuviel Geld verdirbt den Charakter, Gier verdirbt unsere Gesellschaft

Solange die Menschen vergleichbare Lebensverhältnisse hatten, war Geld nur ein Hilfsmittel zum Handel. Erst die zunehmende Ungleichheit, zumal wenn sie nicht auf unterschiedlichen Einsatz oder unterschiedliche Fähigkeiten zurückzuführen waren, schafften Neid und Missgunst. Geld bekam hinsichtlich der gesellschaftlichen

Stellung eine zunehmende Bedeutung. Mit der Industrialisierung wuchsen die Unterschiede. Dem wurde nach und nach durch soziale Maßnahmen begegnet.

Der Kapitalismus der westlichen Welt hat heute große Teile seines sozialen Gewissens verloren.

„Geld verdirbt den Charakter", sagt der Volksmund.

Arm will deshalb trotzdem niemand sein, zumal arm zu sein heute auch eher mit dem Begriff „asozial" und „dumm", statt beispielsweise, wie lange Zeit üblich, mit „anständig" in Verbindung gebracht wird.

Hatte man sich Ende des 19. Jahrhunderts noch darauf verständigt, dass der Bestbezahlte einer Firma nicht mehr als das 20-Fache des Geringstverdienenden erhalten sollte, verdient ein Vorstandschef in den USA im Zuge der Globalisierung heute häufig das 400-Fache eines gewöhnlichen Arbeitnehmers, in Deutschland immerhin noch bis 300 Mal so viel.

Die drei reichsten Menschen der Welt verfügen zusammen über ein größeres Vermögen als die 49 ärmsten Entwicklungsländer.[1] Dies ist durch nichts zu rechtfertigen.

Es mutet geradezu höhnisch an, dass VW jüngst die Managergehälter auf 10.000.000 (10 Millionen) für den Vorstandsvorsitzenden und 5.500.000 (5,5 Millionen) für die übrigen Vorstandsmitglieder im Jahr „gedeckelt" hat. Kein Mensch braucht so viel Geld.

Das Geld der Spitzenverdiener muss dabei nicht einmal immer durch eine Tätigkeit erwirtschaftet werden. Verdient werden, im Sinne des Wortes, also als Entschädigung für eine geleistete Arbeit, kann es in diesen Größenordnungen ohnehin nicht.

Die Familien Porsche und Piëch kassierten 2014 als Aktionäre 723.000.000 (723 Millionen) Euro allein an Dividende, ohne einen Finger dafür zu krümmen.

Dies verschiebt auch moralische Grenzen bei Geringverdienern, die eine Tätigkeit auf dem Schwarzmarkt als gerechten Ausgleich ihrer Interessen betrachten. Dem Staat gehen durch die Millionen von Schwarzarbeitern allein in Deutschland enorme Einnahmen verloren. In Deutschland waren es nur 2012 rund 65.000.000.000 (65 Milliarden) Euro (laut DAPD).

Grundsätzlich soll jeder mit seinem Geld machen, was er möchte. Insofern bin ich auch nur bedingt damit einverstanden, wenn der Staat sich im Erbfall erneut an bereits versteuertem Einkommen bedient.

Einmal erarbeitetes und versteuertes Einkommen sollte im Gegenzug zu einer Begrenzung ausschließlich demjenigen zustehen, der dieses Geld verdient hat. Er sollte auch entscheiden können, gegebenenfalls sogar entscheiden müssen, was nach seinem Ableben mit dem Geld passieren soll. Ich halte es nicht für angezeigt, dass der Staat sich daran bedient oder auch nur entscheiden will, was damit geschieht.

Die entscheidende Frage ist aber, wie dieses Einkommen zustande gekommen ist, ob es wirklich „verdient" wurde.

Einer Arbeiterfamilie, die ein Leben lang geschuftet hat, Überstunden geleistet und auf jeglichen Luxus verzichtet hat, würde man sicher zugestehen, dass sie das beiseitegelegte Geld ihren Nachkommen ohne Abzüge übertragen kann. Nur: Was ist mit dem Spekulanten, der sein Geld mit Glück und ohne eigenen Verdienst vermehrt hat?

Immerhin rund 500 Firmen in den USA haben 2006 im Schnitt stattliche 7.000.000 (7 Millionen) Dollar Jahresgehalt an ihre Firmenchefs gezahlt.

Auch wenn der Erfolg ausbleibt, werden solche Manager noch mit Abfindungen, die teilweise mehrere Millionen Dollar betragen, entlassen.

2008, als die Banken in den USA mit Staatsgeldern gestützt wurden, zahlten sie gleichzeitig Boni in Höhe von 33.000.000.000 (33 Milliarden) Dollar aus.[2]

Ich halte ein solches Verhalten für kriminell, und die Verantwortlichen für derartiges Vorgehen gehören vor ein Gericht gestellt. Dazu müssen natürlich zunächst bestehende Gesetze angepasst werden.

Möglich wurden diese Verbrechen jedoch erst dadurch, dass die Banken sich sicher sein durften, im Krisenfall vom Staat nicht fallengelassen zu werden. Man konnte also ein höheres Risiko eingehen, ohne ernsthafte Konsequenzen befürchten zu müssen.

Das darf sich nicht wiederholen.

Aber selbst Spitzengehälter von 13.200.000 (13,2 Millionen) Euro in 2006, wie sie in Deutschland beispielsweise an den ehemaligen Vorstandsvorsitzenden der Deutschen Bank, Josef Ackermann, gezahlt wurden, sprengen jeden Rahmen.

Dabei geht es nicht darum, die Reichen wesentlich stärker am Steueraufkommen zu beteiligen. Sie leisten ohnehin schon einen überdurchschnittlichen Beitrag, anders sind die Steuerhinterziehungen, gerade von Großverdienern, kaum zu erklären.

Auch die Vermögenssteuer hat sich wiederholt nicht als wirksames Instrument erwiesen und schon gar nicht zu nennenswerten Steuermehreinnahmen geführt.

Leistung muss sich lohnen. Aber der Maßstab muss gewahrt werden.

Ich glaube sogar, dass eine Obergrenze bei den Gehältern eher zu einer Identifikation mit der Tätigkeit und daher zu besseren Ergebnissen führt, als umgekehrt.

Wenn selbst Arbeitnehmervertreter, wie der ehemalige Betriebsratsvorsitzende von VW, Klaus Volkert, in manchen Jahren mit Boni fast 700.000 Euro brutto verdient haben, darf man sich nicht wundern, dass solche Leute nicht mehr die Interessen der Arbeitnehmer, sondern nur noch ihre eigenen Interessen vertreten.

Selbst in den ehemaligen sogenannten sozialistischen Ländern, z.B. Russland, gibt es riesige Unterschiede. Die weltweit größte Gruppe von Milliardären lebt in Moskau.

Hier sind die Maßstäbe völlig aus dem Ruder geraten und für die Arbeitnehmer nicht mehr nachvollziehbar.

Zunehmende Unterschiede gefährden unsere Demokratie, wie man allerorts beobachten kann. Diese Politik stärkt die Randgruppen und radikalisiert die Gesellschaft.

Schließlich gefährdet sie auch den wirtschaftlichen Erfolg an sich.

Ich meine, man sollte sich Gedanken darüber machen, wie Beträge, die über einer vertretbaren Grenze liegen, der Firma oder der Gesellschaft zugutekommen können. Dabei wäre die Grenze, wie sie beispielsweise in Japan gilt, deren Wirtschaft deshalb auch nicht schlechter läuft als in anderen Teilen der Welt, sicher eine solche vertretbare Grenze (20-mal so viel wie ein Arbeiter).

Manager, die heute übliche Gehälter beziehen, verlieren leicht den Maßstab und ein Empfinden dafür, wo Betrug anfängt.

Erfolg sollte langfristig höher belohnt werden, statt, wie heute üblich, immer kurzfristiger. Außerdem sollte die Verantwortung wieder mehr Beachtung finden, was dann auch mit persönlicher Haftung verbunden wäre.

So hatte der ehemalige Bertelsmann-Chef Thomas Middelhoff noch wenige Jahre vor seiner Verurteilung wegen Untreue in 27 Fällen und Steuerhinterziehung in drei Fällen (trotz eines Einkommens von ca. 13.000.000 Euro allein in 2007) kein Problem damit, sich ausgerechnet zum Thema *Compliance* (Einhaltung für Gesetze und Regeln in der Wirtschaft) zu Wort zu melden.

Einsicht und Reue sind bei ihm offensichtlich auch heute, anders als bei vergleichbaren Sündern, wie beispielsweise Uli Hoeneß, kaum feststellbar.

Zu seiner Arbeit als Freigänger trat er im Mai 2016 braungebrannt und gut gekleidet an und vermittelte eher den Eindruck, gut gelaunt aus dem Urlaub zurückzukehren.

Schlimmer noch ist die Tatsache, dass gesunde Firmen aufgekauft werden und zum Zweck der Marktbereinigung geschlossen werden. Dies sind häufig vom Eigentümer geführte Unternehmen, in denen das Wohl der Belegschaft häufig ausgeprägter ist als in den managergeführten Großunternehmen, die sie übernehmen.

Schon Robert Bosch verband seine langfristige angelegte, unternehmerische Tätigkeit mit Begriffen wie *Verantwortung, Vertrauen* und *Verlässlichkeit*. Begriffe, die heute, mit Ausnahme des *Vertrauens*, immer mehr an Bedeutung verlieren. Wie soll auch *Vertrauen* entstehen, wenn man sich auf seine Vorgesetzten oder Mitarbeiter nicht verlassen kann und sie für ihr Handeln keine Verantwortung mehr übernehmen wollen?

Auch hier sollte man sich Gedanken machen, wie das unterbunden werden kann.

Die ungleiche Verteilung des Wohlstandes spiegelt die Probleme in unserer Gesellschaft wider.

Wissenschaftler haben herausgefunden, dass ein Jahreseinkommen über 35.000 Euro nicht mehr automatisch zur Steigerung des Glücksempfindens beiträgt.

So sind unter den Wohlstandsnationen auch eher die glücklicher, die andere Werte anstreben, z.B. eine höhere Geburtenrate.[3]

Fast die Hälfte des gesamten Vermögens befand sich 2014 im Besitz von 1% der Weltbevölkerung. Dagegen teilen sich 80% der Weltbevölkerung einen Anteil von 5,5% am gesamten Vermögen.

Allein in Deutschland ist das Vermögen des reichsten Prozents größer als sämtliche Schulden von Bund, Ländern und Gemeinden zusammen.[4]

Schlimmer scheint mir jedoch, dass sich auch in den Entwicklungsländern der ganz überwiegende Teil des Grundbesitzes in der Hand einiger weniger, meist westlich orientierter Oberschichten befindet, die diesen nicht bedarfsgerecht nutzen, sondern Produkte für den westlichen Markt erzeugen. So verlässt häufig ein Großteil der dringend benötigten Nahrungsmittel die Entwicklungsländer, um den Profit der westlichen Oberschicht zu mehren.

Mehr als eine Milliarde Menschen muss mit weniger als 1,25 US-Dollar am Tag auskommen, und die Einkommensunterschiede werden größer.

Zwischen 2010 und 2014 haben die führenden 80 reichsten Privatpersonen ihr Vermögen noch einmal um 600.000.000.000 (600 Milliarden) US-Dollar erhöhen können.[5] Wozu?

Die größten Unterschiede in der Verteilung gibt es zur allgemeinen Überraschung in der Türkei und in Mexiko. Jeder möge sich da seine eigenen Gedanken machen, woran dies liegt. Die USA, die gleich dahinter kommen, stellen die meisten Superreichen und 41% aller Millionäre weltweit, was wohl niemanden überrascht.

Dennoch leben in den USA 60.000.000 (60 Millionen) und in Europa 80.000.000 (80 Millionen) Menschen unter der Armutsgrenze, obwohl die meisten europäischen Länder mit 25-30% Sozialausgaben (gemessen am Bruttoinlandsprodukt = Gesamtwert aller Güter, d.h. Waren und Dienstleistungen, die innerhalb eines Jahres und innerhalb der Landesgrenzen einer Volkswirtschaft als Endprodukte hergestellt werden) in der Spitzengruppe liegen.[6]

Immer mehr Menschen verdienen ihr Geld im Dienstleistungssektor. Geld, das nur bereitsteht, wenn in anderen Bereichen genug verdient wird, um sich diese Dienstleistungen leisten können. Wo wird dieses

Geld verdient? Der Einzug von Robotern in der Fertigungsindustrie hat sicher dazu beigetragen, dass weniger physische Arbeitskraft benötigt wird, trotzdem wird in vielen Ländern zugunsten der westlichen Welt noch hart körperlich gearbeitet.

Die innerhalb kürzester Zeit aus den osteuropäischen Ländern, aus Indien und Asien ca. 1,5 Milliarden zusätzlich auf dem globalen Markt tätigen Arbeitskräfte haben zu enormen Veränderungen geführt und den Westen mit seinen 350 Millionen Arbeitskräften zunächst, fast unbemerkt, zu einer Minderheit gemacht.[7]

Während in China die Arbeitsplätze in der Fertigungsindustrie um 39% gestiegen sind, fallen die Zahlen in führenden europäischen Ländern. Viele Jahre gingen in Deutschland <u>täglich</u> bis zu 2000 Jobs verloren.[8]

Dies schafft zunehmende Abhängigkeiten.

Doch es gibt Möglichkeiten der Einflussnahme. Zwei kleinen Zulieferern gelang es im Sommer 2016, große Teile der VW-Produktion stillzulegen.

Das meiste Geld wird jedoch im Finanz- und Versicherungssektor sowie im Gesundheitswesen verdient.

Im Finanzsektor, weil dort die Leute sitzen, die wissen, wie man Geld vermehrt, im Versicherungswesen, weil dort aus der Angst der Leute Geld gemacht wird.

Mit dem Leid anderer ließ sich immer schon am besten Geld verdienen, wie beispielsweise im Gesundheitswesen, vorausgesetzt der Leidende ist auch in der Lage zu zahlen.

Ein Impfstoff gegen Malaria, die Millionen Menschen befällt, erscheint nicht besonders reizvoll, weil die möglichen Nutzer in den meisten Fällen nicht zahlen können.

Genauso verhält es sich mit Krankheiten, an denen nur wenige Menschen erkranken.

Leid wird nur bekämpft, wenn es sich rechnet.

Diese Beispiele zeigen sehr deutlich, wie es um die Werte in unserer Gesellschaft bestellt ist.

Besonders deutlich wird dies, wenn man sich vergegenwärtigt, dass die Gier sogar wissentlich dazu führt, dass die angebotenen Medikamente nicht selten Menschen ihre Gesundheit oder gar das Leben kostet.

Die Zahl der schweren Arzneimittelzwischenfälle und sogar der Todesfälle steigt stetig.

Allein in Deutschland wurden laut dem „Medizinischen Dienst der Krankenversicherungen (MDK)" 2015 rund 15.000 Behandlungsfehler begutachtet, davon wurde immerhin jeder vierte bestätigt.

In Deutschland sterben viermal so viele Menschen an Nebenwirkungen von Arzneimitteln wie im Straßenverkehr[9] – Zahlen, die in den üblichen Statistiken so gut wie nie auftauchen.

Pharmakonzerne halten ihre Erkenntnisse diesbezüglich bewusst zurück, um die Produkte so lange wie möglich auf dem Markt anbieten zu können.

In Deutschland wurden 2014 laut „Statistischen Bundesamt" 328.000.000.000 (328 Milliarden) Euro für Gesundheit ausgegeben, Tendenz steigend.

Noch im Jahr 2006 waren es 234 Milliarden Euro. Eine Steigerung von rund 40% in einem Zeitraum von acht Jahren.

Eine gigantische Summe, die ja auch erwirtschaftet und werden muss und für andere Investitionen nicht zur Verfügung steht.

Gesundheit ist ein Thema, über das sich nur schwer sachlich reden lässt.

Dennoch werden wir in absehbarer Zeit an Grenzen stoßen, die es erforderlich machen, zu prüfen, welche gesundheitlichen Kosten sinnvoll sind und an welcher Stelle Einsparungen notwendig werden, um die Kosten wieder zu senken, da das Geld dringend für andere Ausgaben benötigt wird.

Deutschland ist bei den Gesundheitskosten weltweit in der Spitzengruppe. Man geht häufiger zum Arzt und bleibt länger im Krankenhaus.

Aber auch die krankmachenden, häufig dem Wohlstand geschuldeten Ursachen sind dringend abzustellen: Bewegungsmangel, falsche Ernährung (Übergewicht) Drogenkonsum, Alkohol, Stress und Rauchen sind wesentliche Ursachen für die hohen Gesundheitskosten.

Auch diese Themen werden nur erfolgreich bearbeitet, wenn sie sich weiter wirtschaftlich auswirken und die Unternehmen erkennen, dass sie (und nicht der Staat) daran etwas ändern müssen, um ihre Erträge nicht zu gefährden.

Gleichzeitig wird der Unsicherheitsfaktor *Mensch* immer stärker durch Technik ersetzt und macht sich dadurch zunehmend überflüssig. Der Kapitalismus vernichtet letztlich den Menschen, zu deren Nutzen er einst geschaffen wurde.

Von den knapp drei Milliarden Menschen auf dem Weltarbeitsmarkt verdient ungefähr die Hälfte weniger als drei Dollar am Tag[10], und ein Drittel, nämlich eine Milliarde, muss mit weniger als einem Dollar am Tag auskommen.

Unter diesen Bedingungen kann es keinen dauerhaften Frieden auf der Welt geben

Es wird zwangsläufig weiter zu Wanderungsbewegungen kommen.

Wie warme Luft immer zu den kältesten Stellen drängt, werden sich die armen Menschen immer häufiger auf den Weg zu den Reichen machen.

Doch auch dort werden sie keine Arbeit finden, da die Maschine den Menschen überlegen ist.

Der Weltmarkt ist für die Menschen da, und nicht umgekehrt.

Dafür hat die Politik die Rahmenbedingungen zu schaffen.

Der Preis des Aufstiegs

Tatsächlich beruhte der Aufstieg der westlichen Welt nie auf der Zielsetzung die Menschen zu versorgen, sondern auf der konsequenten Verfolgung egoistischer, wirtschaftlicher Interessen.

Dieser Aufstieg sorgte für die Mittel, die erforderlich waren, um teilweise gewaltsam die Vorstellungen des Westens in der Welt durchzusetzen. Dabei war jedes Mittel recht. Werte spielten über lange Zeit eine untergeordnete Rolle.

Die Franzosen nahmen beispielsweise noch bis zum Ende des Algerienkrieges 1962 wie selbstverständlich Enthauptungen vor und misshandelten Menschen auf grausame Weise[1], um ihre Interessen durchzusetzen.

Was bis in unsere Zeit in den Gefangenenlagern der USA stattfindet, bleibt unklar.

Allein das ist schon ein Skandal.

Die Politik stand und steht zunehmend unter dem Einfluss der Wirtschaft; diese dringt in alle Lebensbereiche ein.

Selbst Kunst und Sport werden von ihr beherrscht und schaffen irreale Zustände.

Wenn ein Fußballer 100.000.000 (100 Millionen) Euro kostet, ist das kein stabiler Wert. Der Fußball muss aufpassen, dass ihm seine Fans, die diesen Wert vorläufig bestimmen, ihm nicht irgendwann den Rücken zukehren, wie es bereits zahlreiche Fans symbolisch in den Stadien machen, wenn ihnen die Entscheidungen der Vorstände nicht gefallen. Fußballfans haben sehr sensible Antennen, wenn sich etwas in die falsche Richtung entwickelt.

Genauso verhält sich das mit Kunstgegenständen oder Briefmarken, für die Millionen bezahlt werden.

Das Geld ist in der Hand von Leuten, die aufgrund der ihnen zur Verfügung stehenden Mittel die Maßstäbe verloren haben, und je mehr davon an einem Objekt interessiert sind, umso höher steigt der Preis.

Wir brauchen eine Umkehrung der Maßstäbe.

Schon die klassische Lehre des Aristoteles sah an erster Stelle die Ethik, dann die Politik, die durch sie beeinflusst wurde, und diese wiederum sollte die Maßstäbe für die Wirtschaft setzen. Genau in dieser Reihenfolge müssen wir wieder vorgehen.

Auch die Wissenschaft, angetreten, um zum Nutzen der Menschheit zu wirken, ist heute mehr denn je vom Geld abhängig und dient daher vorwiegend der Wirtschaft und der Politik.

Wir brauchen mehr unabhängige Wissenschaft.

Es ist sehr unwahrscheinlich, dass die westliche Welt wirtschaftlich führend bleiben wird.

Allein die USA haben 50.000.000.000.000 (50 Billionen) US-Dollar Schulden, etwa ein Viertel der weltweiten Schulden, und sind damit der größte Schuldner der Welt (Hauptgläubiger: China), Tendenz steigend.

Deutschland scheint dagegen mit 1,5 Billionen Euro Schulden eher bescheiden.

Fakt ist, dass unser Geld immer weniger wert ist. Das kann auch gar nicht anders sein, denn den Geldmengen stehen ja schon länger keine entsprechenden Werte mehr gegenüber.

Jeder, der heute sein Geld auf der Bank liegen lässt, verliert aktuell stetig einen Teil davon. Bis zum Jahr 2014, laut Erhebungen des Sparkassen- und Giroverbandes, haben die Sparer allein in Deutschland 15.000.000.000 (15 Milliarden) Euro verloren.

Schweizer Pensionsfonds sind bereits dazu übergegangen, ihr Geld in Schließfächern zu deponieren.[2] Dort wird es natürlich auch nicht wertvoller, genausowenig wie in riskanten Anlageformen, in die immer mehr Menschen gedrängt werden.

Am besten schafft man wieder einen realen Gegenwert. Deshalb wird immer mehr Geld in Immobilien investiert. Dies ist aber auch nur solange sinnvoll, wie es nicht zu einem Überangebot kommt und für diese Immobilien eine Nachfrage besteht. Inzwischen stehen in ländlichen Gebieten Deutschlands zunehmend Häuser leer, während in den Städten Wohnungen fehlen.

Auch in Grundstücken kann man sein Geld sinnvoll anlegen. Das haben offensichtlich auch schon andere erkannt. Ich habe jahrelang versucht, in meiner Umgebung Land (Wald) zu kaufen. Meine Bemühungen waren nicht von Erfolg gekrönt. Da waren andere schneller (z.B. BP). Unsere Erde wird nicht größer, Land zu kaufen daher immer sinnvoller. Das hat auch die katholische Kirche bemerkt, die Eigentümer zahlreicher Grundstücke ist.

Aber nicht nur die Staatshaushalte sind fast weltweit überschuldet, auch die privaten Haushalte (in Deutschland nach Schätzungen allein über drei Millionen) machen es ihnen nach.

Immer mehr Menschen sind in unserem Land, das zu den Ländern mit den besten Sozialsystemen der Welt gehört, auf Hilfe angewiesen, allein sieben Millionen Menschen auf Hartz IV und Arbeitslosengeld. Unser Sozialbudget betrug 2016 über 800 Milliarden Euro. Viele haben darüber hinaus aus verschiedenen Gründen und trotz Berechtigung gar keinen Antrag gestellt. Andere werden über die über finanzielle Leistungen hinaus versorgt, z.B. mit Lebensmitteln. So gibt es heute in Deutschland zunehmend Tafeln (2016 immerhin 900), die etwa 1.500.000 (1,5 Millionen) Menschen, nicht selten ganze Familien (Obdachlose eher selten), versorgen.

Auch 35.000.000 (35 Millionen) US-Amerikaner haben zeitweise nicht genug zu essen und sind nicht so gut abgesichert wie die von Armut bedrohten Menschen in Deutschland.[3] Jedes fünfte Kind in Deutschland fällt unter die Armutsgrenze. In kinderreichen Familien und unter Alleinerziehenden ist der Anteil noch größer. Themen, die selten die erforderliche Aufmerksamkeit der Medien und Politiker bekommen.

Ein Großteil der staatlichen Schulden ist auf die immensen Ausgaben im militärischen Bereich zurückzuführen.

Allein die Ausgaben für Privatarmeen sind zwischen 1999 und 2008 von gigantischen 165 Milliarden auf 466.000.000.000 (466 Milliarden) US-Dollar gestiegen.

Der Irakkrieg hat mehr als 3.000.000.000.000 (3 Billionen) US-Dollar gekostet.[4] Das ganze System der westlichen Länder ähnelt einem Kettenbrief, deren Zeche die nachfolgenden Generationen zahlen müssen.

Es ist fraglich, wie lange unter diesen Umständen die USA ihre Machtansprüche behaupten können.

Bei der Weltwirtschaftskrise 2007 standen die Westmächte bereits einmal am Abgrund. Viel scheinen sie nicht daraus gelernt zu haben.

Aber auch mit Schulden lässt sich Geld verdienen. Der New Yorker Milliardär Paul Singer hatte offenbar keine Hemmungen, 1996 Schulden von Peru in Höhe von 20 Millionen für elf Millionen zu kaufen, um dann daraus vor Gericht 58 Millionen Dollar zu erstreiten.[5]

Diese Beispiele ließen sich fortsetzen.

Schuld sind alle die, die so etwas zulassen, trifft es doch wieder mal die Ärmsten und stillt die Gier der Superreichen.

Die Folgen sind kaum absehbar.

China hat die Probleme längst erkannt und kauft weltweit alles ein, was das Land zum Überleben benötigt. Dabei geht es nicht nur um Waren, sondern auch um landwirtschaftlich genutzte Flächen, ausgerechnet in afrikanischen Ländern, Brasilien und den Philippinen, also Ländern, die teilweise selbst Probleme haben, ihre Bevölkerung zu ernähren.

Auch Indien bekommt zunehmend Schwierigkeiten, die wachsende Bevölkerung zu versorgen. Viele Bauern, deren Väter noch Rekordernten eingefahren haben, müssen heute teure, tiefe Brunnen bauen, um ihre Felder zu bewässern. Dies schafft neue Probleme.

Bleibt die erhoffte Ernte aus, begehen viele von ihnen Selbstmord oder verfallen dem Alkohol-/Drogenkonsum, da sie ihre Schulden nicht bezahlen können.

Immer noch lebt die Hälfte der indischen Bevölkerung in Lehmhütten oder unter Plastikplanen, im Gegensatz zu früher aber sehr wohl darüber informiert, dass es Gegenden gibt, in denen es den Menschen wesentlich besser geht.

Auch die Philippinen sind ein Land, das überdurchschnittlich gewachsen ist. Die Einwohnerzahl hat sich seit 2. Weltkrieg verfünffacht.

Die Weltwirtschaft sorgt immer stärker für eine Reduzierung auf wenige, weil einflussreichere, Unternehmen.

Die Kartellbestimmungen finden immer seltener konsequente Anwendung.

Auch dies trägt nicht nur erheblich dazu bei, dass die Macht und das Geld in den Händen einiger Weniger liegt, es behindert neben dem Wettbewerb auch die Innovation.

Ein größeres Unternehmen mag Schwankungen auf dem Weltmarkt besser auffangen können als kleinere Unternehmen, es birgt aber umgekehrt auch das Risiko, dass im Falle eines Scheiterns wesentlich mehr Arbeitsplätze betroffen sind.

Gescheiterte Großunternehmen werden interessanterweise im Falle ihres Scheiterns nicht selten in kleinere Unternehmen zerschlagen, denen man doch vorher unterstellt hat, dass sie aufgrund ihrer Größe nicht konkurrenzfähig seien.

Ein Tanker reagiert eben auf Richtungsänderungen auch schwerfälliger als ein kleineres Schiff.

Die Arbeitszeiten der Berufstätigen werden wieder länger. Noch vor gut 20 Jahren wurden in der Industrie Arbeitszeitmodelle realisiert, mit denen man im Alter von 57 Jahren in den Ruhestand gehen konnte; die Arbeitszeiten wurden auf 35 Stunden gesenkt, um die verbliebene Arbeit auf möglichst viele Menschen zu verteilen. Durch den zunehmenden Einsatz von Maschinen waren viele Menschen arbeitslos geworden. Heute reden wir über eine ständige Verschiebung der Renteneintrittsalter und erhöhen schleichend die Arbeitszeiten.

Vielleicht kommt ja der Ausspruch „Leben wie Gott in Frankreich" daher, dass dort nur ca. 50% der über 50-Jährigen in der Bevölkerung noch arbeiten. Auch in Griechenland sind es nur 55%, im Gegensatz zu den Spitzenreitern in der Schweiz und Schweden, wo 70% noch berufstätig sind.[6]

Frauen, die früher noch häufig zu Hause für die Versorgung der Familien im Einsatz waren, müssen heute häufig mitarbeiten (damals *wollten* sie emanzipiert sein und gingen deshalb arbeiten). Unsere Vorfahren, die Jäger und Sammler, kamen auf eine durchschnittliche Arbeitszeit von 35-40 Stunden pro Woche. Es ist also nicht allzu weit her mit unserem Wohlstand.

Wie lebt „der Rest" der Welt?

Wenn wir von der Welt sprechen, denken wir häufig nur an die westliche Welt, vielleicht noch an die aufstrebenden Länder in Asien oder an exotische Urlaubsregionen.

Dies ist nicht die Welt, in der wir leben. Dem ganz überwiegenden Teil der Menschen geht es erheblich schlechter als uns. Viele müssen sich Sorgen machen, die nächsten Jahre, Monate, zum Teil Tage zu überstehen.

Dies kann auf die Dauer nicht gutgehen, und wir alle wären gut beraten, uns um den sehr bedeutsamen „Rest" zu kümmern.

Ein ganz wesentliches, ungelöstes Problem ist die Überbevölkerung, und das bei sinkenden Geburtenraten in den westlichen Ländern.

Vom Geburtsjahrgang 1960 wird jeder Dritte ohne Enkelkinder sterben.

Verwandtschaftliche Beziehungen schwinden zunehmend, und mit ihr steigt das Bedürfnis nach sozialen Kontakten und Geborgenheit, das in der modernen Gesellschaft immer schwieriger gewährleistet werden kann, mit allen negativen Folgen.[1]

Immer mehr Menschen vereinsamen, suchen Halt, konsumieren Alkohol und Drogen, werden depressiv oder haben einfach nur funktionale Störungen, die sie gesundheitlich beeinträchtigen.

Der Nachwuchs der Weltbevölkerung rekrutiert sich also überwiegend aus Ländern, die mit der Versorgung und Ausbildung ihres Nachwuchses ohnehin schon häufig überfordert sind. Dies kann nicht von allgemeinem Interesse sein.

Wir wachsen jede Woche um mehr als eine Million Menschen.

Alle 0,38 Sekunden erblickt ein neuer Mensch das Licht der Welt.

Die UNO prognostiziert bis 2100 einen Bevölkerungsanstieg um 53%.

Viel schlimmer ist aber, dass dieser Anstieg voraussichtlich eben überwiegend auf den erwarteten Anstieg der ohnehin schon extrem schlecht versorgten Bevölkerung in Afrika um 369% im gleichen Zeitraum zurückzuführen sein wird.[2] Dies wird zu erheblichen weltweiten Spannungen und Flüchtlingsbewegungen führen, mit denen wir ja ohnehin schon heute große Probleme haben.

Es wird zunehmend schwer, sich von der übrigen Welt abzuschotten. Vielmehr sind alle gefordert, die bestehenden Probleme gemeinsam zu lösen.

Allein Indien ist von 1970 bis heute von 500 Millionen Einwohnern auf 1,1 Milliarden gewachsen, und das, obwohl noch Ende des letzten Jahrhunderts ein Inder statistisch sechs Kinder bekommen musste, um an seinem 65. Geburtstag (sofern er ihn denn selbst erlebt hat) wenigsten von einem Sohn überlebt zu werden.[3]

In Teilen der Welt gibt es Städte, von denen viele noch nie etwas gehört haben, die aber größer sind als New York mit seinen knapp 8,5 Millionen Einwohnern.

So beispielsweise Karatschi, die größte Stadt Pakistans, deren Einwohnerzahl seit dem 2. Weltkrieg um das 42-fache gewachsen ist und heute bei 21.000.000 (21 Millionen) liegt.

Bereits heute kommt es dort täglich zu Stromabschaltungen, weil der Bedarf nicht gedeckt werden kann.

Rund die Hälfte der pakistanischen Mädchen leidet unter Unterernährung, in einem Land, das offensichtlich über ausreichend finanzielle Mittel verfügt, um sich mit Atombomben aufzurüsten.

Ähnliche Probleme gibt es in Teheran. Dort hat sich die Einwohnerzahl von 150.000 im Jahr 1900 auf 15.000.000 (15 Millionen), inkl. Pendler erhöht, also 100-mal mehr Einwohner innerhalb von rund 100 Jahren.

Die katholische Kirche, deren Einfluss nicht zu unterschätzen ist, hat zu diesem Thema immer noch keinen hilfreichen Standpunkt.

Sie muss einfach zur Kenntnis nehmen, dass Empfängnisverhütung zur modernen Gesellschaft gehört. Die Heuchelei, die mit diesem Thema betrieben wird, ist für die katholische Kirche unwürdig.

In Pakistan kommt es jährlich zu fast einer Millionen Abtreibungen. Der Einfachheit halber wird auch dies von der katholischen Kirche untersagt.

Erfreulicherweise ist Papst Franziskus, der selbst aus einem krisenerprobten Land Südamerikas kommt, auch gegen den Widerstand in der eigenen Kirche gewillt, bei diesen Themen Fortschritte zu erzielen.

Die Schicksalsergebenheit, zu denen die Gebote der Kirche gerade bei weniger gebildeten Menschen führen, bieten hervorragende Angriffsflächen für deren Gegner.

In den USA, einem Land, das eher als konservativ und prüde eingestuft wird, benutzen 98% der katholischen Frauen Verhütungsmittel.[4]

Die vom Bevölkerungsanstieg am stärksten betroffenen Länder sind meist weitgehend mittellos und können daher in der Regel keine ausreichende Versorgung garantieren.

Die dafür erforderlichen finanziellen Mittel sind dagegen vergleichsweise gering und könnten von den Staaten der westlichen Welt problemlos aufgebracht werden.

Allein die USA haben in fast jedem Monat mehr für den Krieg im Irak ausgegeben, einem Angriffskrieg, der die Welt in unzählige neue Konflikte gestürzt hat, anstatt Probleme zu lösen, und viele westliche Staaten haben sie dabei unterstützt.

Dennoch wäre eine Versorgung der entsprechenden Länder durch die westliche Welt nicht die Lösung des Problems.

Sinnvoll wäre es, die Länder am Weltmarkt ausreichend zu beteiligen, damit sie in der Lage sind, sich selbst versorgen können.

Insgesamt bleibt festzuhalten: Es gibt kein einziges ernsthaftes Problem auf der Welt, das sich mit weniger Menschen nicht besser lösen ließe.

Ohne Konsumverzicht wird aber auch die Begrenzung der Bevölkerungszahl keinen nachhaltigen Nutzen bringen.

Folgen der Kolonialisierung

Bis die Menschen technisch in der Lage waren, unseren Planeten bis in den entferntesten Winkel zu erschließen und zu vereinnahmen, ging es den dort lebenden Menschen und der Natur recht gut.

Die auf Überlegenheit basierende Überheblichkeit, mit der diese Teile der Erde vereinnahmt und ausgebeutet wurden, sind ursächlich für die meisten Probleme, die wir heute haben.

Im Zuge der Kolonialisierung nutzte der Westen seine wirtschaftliche Vorherrschaft aus, um Länder in anderen Teilen der Welt unter seinen Einfluss zu stellen und auszubeuten.

Überall, wo der Westen an Einfluss gewann, hinterließ er Probleme.

Ende des 19. Jahrhundert waren über 40 Millionen Chinesen abhängig von dem Opium, das ihnen die britische Ostindiengesellschaft verkaufte, um damit ein Vermögen zu machen.

In den europäischen Kolonien Afrikas wurden die Menschen systematisch in den Bergwerken und auf den Plantagen ausgebeutet.

Man plünderte die örtlichen Ressourcen. Dabei kamen Millionen Menschen ums Leben.

Das Wirtschaftswachstum der Kolonie zu steigern war nicht von Interesse. Die Rechte der Bevölkerung waren eingeschränkt.

Diese Zustände haben sich häufig auch nach der Unabhängigkeit fortgesetzt, lediglich die Herrscher wechselten.

Die Grenzen der heutigen afrikanischen Staaten wurden von ihren Kolonialherren willkürlich gezogen und sind heute noch Ursache zahlreicher Konflikte, da sie die geschichtlichen und religiösen Zusammenhänge missachteten.

Immer wieder haben Großbritannien und die USA während und nach der Kolonisierung in die Angelegenheiten afrikanischer Länder eingegriffen, um ihre meist wirtschaftlichen Interessen durchzusetzen. Diese Politik hat nicht unwesentlich zu den Flüchtlingsströmen beigetragen hat, denen wir uns in Europa heute ausgesetzt sehen.

Es ist bemerkenswert, dass Großbritannien sich heute besonders gegen diese Flüchtlingsströme absichert, waren sie doch nicht unwesentlich an der Ausbeutung der Länder beteiligt, aus denen die Menschen heute nach Europa flüchten, um an unserem Wohlstand teilhaben zu können.[1]

Nordafrika, Vorderasien und der Nahe Osten

Diese Regionen der Erde gehören zu den größten Krisengebieten, mit denen wir uns aktuell und fast täglich auseinandersetzen müssen.

Schuld sind wir überwiegend selbst an dieser Situation.

Fakt ist, dass arabische Staaten in den letzten 200 Jahren kein westliches Land angegriffen haben und dass also auch keine unmittelbare Notwendigkeit (außer einer wirtschaftlichen, denn meist geht es um Rohstoffe, vorrangig Erdöl) für den Westen bestand, in Konflikte der arabischen Staaten einzugreifen. Die häufig vorgeschobenen Werte waren nicht mehr als ein scheinheiliger Vorwand.

Marokko (1843), Tunesien (1883) und Algerien (1830) wurden durch die Franzosen besetzt, Ägypten durch die Engländer (1882), Libyen (1912) durch die Italiener usw.

Große Fehler wurden in der Vergangenheit vom Westen in den Länder Nordafrikas, dem Nahen Osten und Vorderasiens gemacht.

So wurden beispielsweise von Geheimdiensten Putsche inszeniert, wie 1951 im Iran gegen den demokratisch gewählten Premierminister Mossadegh, einem in Europa ausgebildeten und promovierten Juristen. Wer weiß, wie sich das Land und die Region entwickelt hätten, wenn man sich einfach zurückgehalten hätte.

Auch der unrechtmäßige Angriffskrieg gegen den Irak durch George W. Bush und seine Verbündeten, der über eine Million meist unschuldige Menschen getötet hat, war Auslöser für viele Fehlentwicklungen in dieser Region.

Der Gegner, Saddam Hussein, ohne Frage ein Verbrecher, hatte zuvor seinen Aufstieg nicht unwesentlich der Unterstützung durch die USA zu verdanken.

Er hätte ohne das massive Eingreifen der USA bereits den Krieg gegen den Iran verloren, einem Land, das Kinder zur Räumung von Minenfeldern eingesetzt hat, um seinen Soldaten den Weg freizumachen.

Der Krieg wurde durch die fragwürdige Unterstützung der USA noch um weitere sechs Jahre verlängert.

In diesem Krieg setzte Saddam Hussein auch Giftgas ein, das im Wesentlichen von Lieferfirmen aus den USA, Frankreich und Deutschland stammte.

Die USA sorgten auch dafür, dass Versuche, diese Giftgaseinsätze durch die Vereinten Nationen verurteilen zu lassen, immer wieder erfolglos blieben.

Auch in diesem Krieg starben rund eine Million Menschen.

Den Irak hat der Krieg 115 Milliarden US-Dollar gekostet.

Als der Irak sich dann in Kuweit einen Teil davon unrechtmäßig zurückholen wollte, griffen die USA selbst aktiv ein, was sie 62.000.000.000 (62 Milliarden) US-Dollar kostete, von denen allerdings Saudi-Arabien die Hälfte übernahm.

Auch Deutschland beteiligte sich mit mehreren Milliarden.[1]

Aber auch in angrenzenden Regionen wie Afghanistan waren amerikanische Geheimdienste schon vor der sowjetischen Invasion tätig.[2]

In Syrien haben Waffenlieferungen von verschiedenen Seiten aus den anfangs friedlichen Demonstrationen einen unkontrollierbaren Bürgerkrieg entfacht.

Die Waffenlieferungen in Krisengebiete sind besonders bedenklich, weil man nie weiß, wo sie letztlich landen.

Dies gilt insbesondere für die Unterstützung von Organisationen wie der PKK, die ja selbst als terroristische Organisation angesehen werden.

Terrororganisationen wie der IS, die heute angeblich den Weltfrieden bedrohen, haben ihre ideologischen Wurzeln in Saudi-Arabien, genauso wie die meisten Attentäter vom 11. September 2001 in New York.

Saudi-Arabien ist ein Land, in dem Frauen genauso unterdrückt werden wie in vielen anderen islamisch geprägten Ländern, wo Menschenrechte und Rechte religiöser Minderheiten missachtet werden.

Dies hindert die USA und Großbritannien nicht daran, eng mit diesem Land zusammen zu arbeiten und gleichzeitig genau diese Zustände in anderen Ländern als Vorwand zu nehmen, um dort militärisch eingreifen zu wollen.

Die Zusammenarbeit mit Saudi-Arabien hat nicht unwesentlich dazu beigetragen, dass Terrororganisationen wie der IS oder auch Al-Quaida entstanden, die der Meinung sind, dass ihr Glauben durch die Führer ihres Landes an den Westen verkauft wurde.

Die USA haben zeitweise auch Terroristen wie Osama bin Laden finanziell unterstützt, ihnen Waffen geliefert und sie militärisch ausgebildet.[3] Der Westen hat sich seine terroristische Bedrohung zu großen Teilen selbst geschaffen, und die USA mit ihren Verbündeten war daran mit ihren häufig kurz- und undurchsichtigen Einsätzen wesentlich beteiligt.

Dagegen hat man in Tunesien Hoffnung, dass es in Nordafrika auch anders laufen kann. Sie haben sich eine fortschrittliche Verfassung gegeben, die sich auf die Menschenrechte beruft, Glaubensfreiheit garantiert, die Trennung von Staat und Religion vorgenommen und die Rechte von Frauen gestärkt. Es bleibt abzuwarten, ob diese Verfassung bestand hat.

Die Welt wäre gut beraten, sich in den Ländern Nordamerikas und des Nahen Osten weitgehend herauszuhalten, wenn es dafür nicht schon längst zu spät ist.

Indien und China

Diese beiden Regionen gehören zu den bevölkerungsreichsten und aufstrebendsten unserer Zeit. Trotz vieler Gemeinsamkeiten gibt es auch erhebliche Unterschiede, gerade in der politischen Entwicklung, die noch von entscheidender Bedeutung sein könnten.

Indien und vor allem China, die bereits vor gut 200 Jahren die Weltwirtschaft beherrschten, holen beim Wohlstand mächtig auf. Kaum jemand kann sich heute noch vorstellen, dass noch Mitte des letzten Jahrhunderts über zehn Millionen Menschen unter der Herrschaft von Mao in China verhungert sind, auch wenn inzwischen trotz der Ein-Kind-Politik und der damit verbundenen Reduzierung des Bevölkerungswachstums bereits Wasser und Ackerland knapp werden.

Dennoch sind Indien und vor allen Dingen China positive Beispiele dafür, dass mit der Bevölkerungsexplosion nicht automatisch Not und Elend zunehmen müssen, wie noch vor 50 Jahren vorhergesagt.

Indien hat erst seit der Unabhängigkeit keine Hungersnot mehr erlebt, und die Wirtschaft nahm erst Fahrt auf, als es gelang, die alten Regeln und Vorschriften der Fremdherrschaft abzuschaffen.
Inzwischen übernimmt auch Indien zunehmend Leistungen westlicher Industrienationen.
Der wirtschaftliche Aufschwung verläuft im Vergleich zu China zwar langsamer, kommt aber dafür ohne Zwang und die Einschränkung von persönlichen Rechten aus.
China gehört zu den größten Produzenten von Schuhen, Kleidung, Mountainbikes, Mobiltelefonen, Autos, produziert den meisten Stahl (und verbraucht dafür einen großen Teil der weltweiten Kohleproduktion) und gehört somit zu den größten Volkswirtschaften der Welt.
Dies sorgt für eine Verlagerung vieler Wirtschaftszweige nach Asien, und das alles innerhalb weniger Jahrzehnte.
Damit endeten die Hungersnöte, weil man die gewaltige Inflation in den Griff bekam.
Noch 2002 konnten nach offiziellen Statistiken 25% der chinesischen Schulden nicht bedient werden.
Die Qualität hat sich enorm verbessert und kann mit europäischen Anforderungen mithalten. Dies liegt nicht zuletzt daran, dass viele Produkte kopiert werden.

China ist mit steigendem Wohlstand aber auch zu einem großen Markt geworden, der enorme Auslandsinvestitionen anzieht, nicht zuletzt aus den USA, die sich immens verschuldet haben.

Dies darf nicht darüber hinwegtäuschen, dass die Chinesen noch längst nicht den Lebensstandard erreicht haben, der für uns selbstverständlich scheint.

In China, obwohl inzwischen eine Macht auf dem Weltmarkt, beträgt das Pro-Kopf-Einkommen immer noch lediglich 20% im Vergleich zu dem der USA.

Mit dem wirtschaftlichen Aufstieg werden große Abhängigkeiten geschaffen. Der stark gestiegene Bedarf an Erdöl beeinflusst den Preis weltweit, zumal China selbst nur über minimale Erdölreserven verfügt und mittlerweile zu den größten Verbrauchern gehört.

Dies wiederum schafft Konkurrenzsituationen zu Öllieferanten, die selten westliche Werte teilen, aber auch deren Märkte bedienen. Da wird schnell mal darüber hinweggesehen, dass diese Länder teilweise auch arabische Terroristen unterstützen.

Länder wie Nordkorea, die über große Vorkommen von Bodenschätzen verfügen, die immer wertvoller werden, können da noch eine bedeutende Rolle einnehmen, was angesichts ihrer Politik nicht unproblematisch werden dürfte.

Auch andere Rohstoffe wie Kupfer (für die Kabelherstellung) oder Nickel (Stahlveredelung) werden zunehmend in China benötigt und treiben die Preise in neue Höhen.

Gleichzeitig hat sich an den politischen Umständen nur wenig geändert. Noch immer werden mit Abstand die meisten Hinrichtungen in China vorgenommen.

Viele politische Gefangene kommen noch immer ohne Gerichtsverfahren in Arbeitslager. Viele Städte sind extrem verschmutzt, auch wenn China hier schnell aufholt.

Der schnelle Aufstieg macht die Wirtschaft anderseits anfällig für Krisen. Es fehlen Erfahrungen, wie damit umzugehen ist.

Bei allen Fortschritten in Schwellenländern wie Indien und China bleibt festzuhalten, dass die meisten armen Länder beim Wohlstand nicht nennenswert aufgeholt haben.

Sind Flüchtlinge willkommen?

Ich habe in meinem Leben immer wieder die Erfahrung gemacht, dass die große Mehrzahl der Deutschen keine grundsätzlichen Vorbehalte gegen Menschen anderer Herkunft hat, unabhängig von deren Hautfarbe, Religion oder Bildung.

Wir haben eine natürliche Zurückhaltung vor Fremdem. Auch wenn es sicher Regionen auf der Erde gibt, in denen das anders ist, halte ich es für zulässig, vorsichtig auf Menschen unbekannter Herkunft zu reagieren.

Als ich meine Frau kennenlernte und mich das erste Mal bei ihr zu Hause vorstellte, bemerkte ihre damals vier Jahre alte Schwester völlig zu Recht: „Du bist ein Fremder" und beäugte mich erst einmal zurückhaltend und vorsichtig.

Unsere Zurückhaltung schwindet in den meisten Fällen sofort, wenn wir Vertrautes bemerken, und sei es nur das Bemühen, sich mit uns in unserer Muttersprache zu verständigen.

Wenn Flüchtlinge nicht nach Griechenland zurückgeschickt werden können (obwohl sie über dieses Land in die EU eingereist sind), weil die Verhältnisse dies nicht zulassen, ist es die Aufgabe der EU, die Verhältnisse für Flüchtlinge so zu verbessern, dass dies möglich ist.

Wenn die EU nicht dazu in der Lage ist, solche Voraussetzungen zu schaffen, stellt sich tatsächlich die Frage, welchen Sinn das

Schengen-Abkommen hat, zumal die Grenzöffnungen ja noch andere Nachteile haben.

Es lässt sich nicht widerlegen, dass die Gesamtkriminalität in Deutschland mit dem unkontrollierten und zum Teil illegalen Zuzug von Nichtdeutschen überproportional ansteigt, was vielfältige Gründe hat.

Dass dies wiederum nicht zur Vereinfachung der Integration dieser Menschen beiträgt, dürfte jedem klar sein, auch wenn man diese Menschen natürlich nicht unter Generalverdacht stellen darf.

Es muss angestrebt werden, dass niemand in die EU einreist, ohne ein gültiges Ausweispapier zu besitzen, da dies Voraussetzung dafür ist, ihn wieder in sein Herkunftsland abzuschieben, wenn die Bedingungen für einen Verbleib in der EU nicht gegeben sind. Dies wird sicher nicht in jedem Einzelfall möglich sein, kann aber kein Grund sein, den unkontrollierten Zuzug zu ermöglichen.

Warum geht es einigen Menschen besser als den meisten anderen auf der Welt?

Diese Frage beschäftigt die Menschen immer wieder und führt zu sehr unterschiedlichen Standpunkten. Häufig hat man den Eindruck, dass sich viele ihre Meinung so zurechtlegen, dass sie die eigene Lebensweise möglichst nicht infrage stellt. Die Fakten sehen jedoch anders aus, auch wenn man sich mit pauschalen Schuldzuweisungen häufig zu einfach macht.

Die amerikanischen Wirtschaftswissenschaftler Daraon Acemoglu und James A. Robinson haben die These aufgestellt, dass demokratische Staaten erfolgreicher sind als die übrigen Staaten der Welt. Diese These halten sie auch denjenigen gegenüber aufrecht, die der

Auffassung sind, dass auch klimatische und kulturelle Gründe eine Rolle spielen.

So verweisen sie darauf, dass beispielsweise in Argentinien und Uruguay der Anteil an der Bevölkerung mit europäischer Abstammung größer ist als in Kanada und den Vereinigten Staaten[1], also anteilig mehr Bewohner aus den erfolgreicheren, europäischen Ländern stammen. Trotzdem sind sie wirtschaftlich nicht so erfolgreich wie das demokratische Nordamerika.

Auch die wirtschaftlichen Unterschiede in geteilten Staaten wie Deutschland (bis 1989) oder Korea, genauso wie die wirtschaftlichen Unterschiede entlang der Grenze zwischen Mexiko und den Vereinigten Staaten, liefern gute Argumente für ihren Standpunkt.

Sie glauben deshalb auch nicht an einen nachhaltigen Aufschwung Chinas, ohne dass politische Reformen stattfinden, weil sie festgestellt haben, dass wirtschaftliche Innovationen eher nicht in Systemen mit abhängig Beschäftigten entstehen.

Fortschritt lässt sich nicht ohne Nachteile für die wirtschaftliche Entwicklung aufhalten. Genau das passiert aber häufig in nichtdemokratischen Gesellschaften, da deren Führer oft um ihren Einfluss bangen, wenn sie Veränderungen zulassen.

Vielmehr beruht das chinesische Wachstum ihrer Auffassung nach auf der Übernahme bestehender Techniken.

Vieles wurde jedoch nicht nach westlichem Vorbild angepasst.

Die Eigentumsrechte in China sind nach wie vor nicht ausreichend abgesichert. Auch Eigeninitiative wird nur bedingt zugelassen, und die Rechte der Bevölkerung sind eingeschränkt.

Nach wie vor kontrolliert die kommunistische Partei alle wesentlichen Institutionen, neben dem gesamten Staatsapparat auch die Medien und große Teile der Wirtschaft.

In der Kolonialzeit übernahmen die neuen Führer und später deren

Nachfolger in den meisten Fällen die Systeme ihrer ehemaligen Kolonialherren nach der Unabhängigkeit.

Die Bevölkerung wurde und wird noch heute häufig unterdrückt, meist zu hohe Steuereinnahmen werden nicht für öffentliche Dienstleistungen, sondern in der Regel zum Machterhalt verwendet oder bereichern direkt die jeweiligen Herrscher.

Diese Systeme werden von den westlichen Regierungen zum größten Teil bewusst oder billigend in Kauf genommen, wenn nicht sogar unterstützt, um die afrikanische Landwirtschaft als Konkurrenz zur westlichen auszuschalten.

Dass es auch anders geht, zeigt das Beispiel von Botswana, das zum Zeitpunkt seiner Unabhängigkeit zu den ärmsten Ländern der Welt gehörte und sich heute auf dem Niveau von europäischen Ländern wie Estland oder Ungarn befindet.

Es führt demokratische Wahlen durch, setzt die Eigentumsrechte durch, lässt nur in der Landessprache und Englisch unterrichten und fördert die Marktwirtschaft.

In den südamerikanischen Staaten verhindern vielfach Gewalt, Bürgerrechtsverletzungen, fehlende Pressefreiheit und ungesicherte Eigentumsrechte den Übergang zu einer Demokratie nach westlichem Verständnis. Dabei war Argentinien noch zu Zeiten des 1. Weltkrieges eines der reichsten Länder der Welt. Die Wirtschaft florierte durch die Ausfuhr von Rindfleisch, Leder und Getreide.

Wie helfen wir den Entwicklungsländern?

Die übliche Reaktion auf diese Frage sind Aufrufe zu Spenden. Die Spendenbereitschaft in Deutschland hat jedoch nachgelassen und liegt im europäischen Vergleich eher im hinteren Bereich.

Die Spendenbereitschaft steigt nach den bekannten Katastrophen wie Hungersnöten, Schädlingsplagen, Epidemien etc. besonders, und das ist auch notwendig. Immerhin hat man in Deutschland sogar ein Entwicklungshilfeministerium, das zwar in der Regel finanziell recht dürftig ausgestattet ist, den zuständigen Minister kennt man in den meisten Fällen auch nicht, aber es gibt einem das gute Gefühl, dass etwas getan wird.

Der ehemalige Bundespräsident Horst Köhler, ein exzellenter Kenner der betroffenen Gebiete in Afrika, hat nicht nur während seiner Amtszeit jede Gelegenheit wahrgenommen, darauf hinzuweisen, was nicht selten als störend empfunden wurde.

Der amerikanische Wirtschaftsnobelpreisträger Angus Deaton glaubt, dass die Entwicklungshilfe den armen Ländern eher schadet als hilft.

Die Entwicklungsländer dieser Welt geben weit mehr Geld für militärische Rüstung aus, als sie an Entwicklungshilfe erhalten, d.h. ohne ein Ende der Gewalt wird der Hunger nicht besiegt werden.

2011 wurden über 130 Milliarden Dollar Entwicklungshilfe gezahlt. Dabei sind die Zahlungen von privaten Hilfsorganisationen und internationalen Nichtregierungsorganisationen noch nicht einmal enthalten, die noch einmal weitere 30 Milliarden Dollar gesammelt haben.[1]

Deaton verweist auf den bereits erwähnten, schon 1971 von dem Britischen Entwicklungsökonom Peter Bauer geäußerten Standpunkt:

„Wenn mit Ausnahme vom Kapital alle Bedingungen für die wirtschaftliche Entwicklung gegeben sind, wird das Kapital im Land erzeugt, oder der Staat oder Privatunternehmen werden es sich auf dem Kapitalmarkt beschaffen. Die Kredite werden mit höheren Steuereinnahmen oder Unternehmensgewinnen bedient. Fehlen hingegen die für die Entwicklung erforderlichen Bedingungen, so wird die Auslandshilfe – die unter diesen Umständen die einzige externe Kapitalquelle ist – zwangsläufig unproduktiv und damit wirkungslos bleiben."[2]

Möglicherweise wird sie sogar dazu beitragen, die ungünstigen Bedingungen aufrecht zu erhalten.

Hinzu kommt, dass Entwicklungshilfe häufig nicht nach Bedürftigkeit vergeben wird, sondern in der Regel eigene politische Interessen verfolgt.

Die USA engagieren sich bekanntlich weltweit militärisch, nicht selten aus zweifelhaften Motiven, gehören aber bei der Entwicklungshilfe, gemessen an ihren finanziellen Möglichkeiten, eher zu den am wenigsten engagierten Ländern weltweit.

Nicht zu unterschätzen ist, dass die Entwicklungshilfe auch als Instrument benutzt wird. Es gibt nämlich das Bedürfnis der Menschen in den reichen Ländern, den armen Ländern zu helfen, um das eigene Gewissen zu beruhigen. Außerdem verschafft es den Politikern im Inland mehr Glaubwürdigkeit beim Kampf gegen Hunger und Armut, wenn sie sich in den Entwicklungsländern engagieren.

Der größte Teil der Gelder kommt in den armen Ländern jedoch gar nicht oder zumindest nicht bei den Bedürftigen an. Wie wäre es sonst zu erklären, dass die am wenigsten demokratischen Regionen in Afrika das meiste Geld bekommen?

Rund die Hälfte landet bei korrupten Regimen, die dadurch gestützt werden. Wären diese Länder auf Steuereinnahmen angewiesen, bekäme die Bevölkerung automatisch mehr Rechte und Sicherheit.

So erklärt sich auch, dass in Ländern wie Indien das Pro-Kopf-Einkommen, 1960 noch weit unter dem von Kenia, heute deutlich höher ist.

Auch der Umfang der Lebensmittelhilfen und technischen Unterstützungen sinkt stetig.

Hilfreicher sind schon die von Auswanderern an ihre Familien überwiesenen Beträge, die den doppelten Umfang der offiziellen Entwicklungshilfe ausmachen.[3]

Am einfachsten und vielleicht effektivsten wäre es vermutlich, sich einfach zurückzuziehen und die Länder nicht daran zu hindern, ihre Verhältnisse zu verbessern.

Spender sollten daher, neben Hilfe in akuten Notsituationen, wenn überhaupt gezielt Projekte fördern, bei denen überprüft wird, ob sie ihre Ziele erreichen.

Wichtiger als Geld ist es, für die Verbesserung der Zustände in den armen Ländern die Voraussetzungen zu schaffen. Stipendien an europäischen Hochschulen wären möglicherweise eine sinnvolle Hilfe für arme Länder. Rechtssicherheit, Schutz und eine angemessene medizinische Versorgung müssen gewährleistet werden. Noch immer sterben jedes Jahr eine Million Kinder in Afrika an einer Malariainfektion. Die Entwicklungshilfe könnte daher möglicherweise sinnvoller eingesetzt werden, wenn die Pharmaindustrie aus einem Gesundheitsfonds, wie ihn der Philosoph Thomas Pogge vorgeschlagen hat, entsprechend dem gesundheitlichen Nutzen ihrer Arzneimittel vergütet würden, damit Krankheiten behandelt werden können, deren Betroffenen zu arm sind, um die notwendigen Medikamente zu erwerben.

Da die große Mehrheit der Afrikaner von der Landwirtschaft lebt, würde es sinnvoll, wenn die reichen Länder nicht die Landwirtschaft ihrer Länder mit Milliardensubventionen unterstützen würden.

Wie geht es weiter?

Diese Frage ist so aktuell wie nie zuvor. Leider hat man den Eindruck, dass sie viel zu spät gehört wird (gestellt wird die Frage schon länger). Noch viel weniger hat man den Eindruck, dass nach Antworten gesucht wird. Wir sind alle viel zu sehr mit uns beschäftigt, als uns damit auseinanderzusetzen. Die hilflosen Versuche von verschiedenen Umwelt oder Hilfsorganisationen werden häufig belächelt, bestenfalls als unvermeidlicher Versuch betrachtet oder sogar als lästige Störung empfunden.

Die Maßnahmen der Politiker bei ihren Gipfeln sind in der Regel nur der kleinste gemeinsame Nenner, der die Entwicklung im günstigsten Fall etwas bremst, in keinem Fall aufhält. Der vor Kurzem vollzogene Austritt der USA aus dem Klimaabkommen ist da nur als besonders aktuelles Beispiel zu nennen.

Wann geht das Licht aus?

Diese Frage erscheint den meisten sicher völlig unwahrscheinlich. Wer jedoch den hiesigen Stromversorgern aufmerksam zuhört, der wird feststellen, dass sie diese Sorge durchaus mitunter umtreibt.

So abwegig es scheint, Anfang 2012 war es in Deutschland schon einmal fast soweit. Russland hatte seine Gaslieferungen gedrosselt, und regenerative Energien stehen im Winter ohnehin nicht uneingeschränkt zur Verfügung.

Durch Verträge mit den Nachbarländern gelang es, den Blackout zu vermeiden. Aber es gab bereits Gespräche im Wirtschaftsministerium, in denen gestritten wurde, wem zuerst das Gas abgestellt werden sollte, den Fabriken oder den Kraftwerken, die unseren

Strom erzeugen. Man hätte sich aus vertraglichen Gründen vermutlich für die Kraftwerke entschieden, und das hätte bedeutet, dass bei vielen buchstäblich das Licht ausgegangen wäre. Das hört sich romantischer an, als es ist.

Natürlich weiß niemand, wann die natürlichen Ressourcen zur Energiegewinnung aufgebraucht sein werden, zumal viele schwer zugängliche Teile der Erde nicht ausreichend erforscht sind und unklar bleibt, ob und wann sich Maßnahmen lohnen, um schwer zugängliche Rohstoffe zu gewinnen. Auch die Entwicklung beim Verbrauch lässt sich nicht zuverlässig vorhersagen.

Immer wieder werden, neue Vorkommen entdeckt, wenn sie auch bescheiden sind bzw. es wird die Nutzung schwer zugänglicher Vorkommen durch die steigenden Preise wirtschaftlicher.

So sorgt das durch den erhöhten CO2-Ausstoß beschleunigte Abschmelzen des Permafrostes für eine wirtschaftlichere Förderung der dort noch verfügbaren Vorräte an Öl und Gas.

Anfang 2017 wurde in Alaska ein laut Presse „riesiges" Ölvorkommen von 1,2 Milliarden Barrel Öl entdeckt. Dieser Fund würde bei gleichbleibendem Verbrauch gerade einmal ein Jahr reichen.

Auch in Sibirien sollen noch gewaltige Massen von Methan gespeichert sein.

Sicher ist jedoch, dass wir alle gut verfügbaren Vorkommen bereits weitgehend verbraucht haben.

Wie gesagt, wir sprechen bereits über die schwer zugänglichen Teile der Erde, dort also, wo bisher niemand hingekommen ist oder es sich aufgrund der Bedingungen nicht lohnte zu suchen.

Aktuell verbrauchen wir weltweit jeden Tag 14.000.000.000 (14 Milliarden) Liter Erdöl[1], einen Rohstoff, der viel zu wertvoll ist, um ihn zu verbrennen, da er neben seinem Einsatz in den meisten Kunststoffen auch für die Herstellung von Medikamenten benötigt wird.

Viele unserer Dachabdichtungen, egal ob aus Bitumen oder Kunststoff, werden nahezu ausschließlich aus Erdölprodukten hergestellt, unsere Straßen, sofern sie eine Asphaltdecke haben, ebenso. Nun kann man Dächer auch mit Metall abdichten (bei deren Verarbeitung zu geeigneten Produkten auch viel Energie benötigt wird) und Straßen auch aus Beton herstellen.

Abgesehen davon, dass diese Beläge viel lauter sind, haben wir inzwischen auch ein Problem mit dem Betonzuschlagstoff „Sand", der ebenfalls nicht mehr unbegrenzt zur Verfügung steht, da Sand an Küsten und Wüstensand nicht rau genug sind.

Alles lässt sich irgendwie ersetzen, aber nicht immer in der gewünschten oder vermeintlich benötigten Menge und schon gar nicht zu dem gewünschten oder benötigten Preis. Das bedeutet aber auch, dass weniger Konsumenten die gewünschten Produkte nutzen oder erwerben können. Der Wohlstand wird sinken, und mit ihm vergrößern sich die sozialen Unterschiede und die daraus entstehenden Konflikte.

Immer wieder stößt man auf Erdölvorkommen, die bisher nicht bekannt waren oder deren Erschließung noch vor wenigen Jahren als unrentabel angesehen wurden.

So hat man vor wenigen Jahren Erdölvorkommen in Uganda entdeckt. Man schätzt die Vorkommen auf 300 Millionen Barrel. Dies entspricht einem Verbrauch der USA von ca. 16 Tagen.[2] Das macht in etwa deutlich, wo wir stehen. Die Reserven umfassen keine Größenordnungen mehr, die uns auf Jahrzehnte beruhigt schlafen lassen. Umgekehrt wird nicht morgen alles zusammenbrechen. Aber unsere Welt ist so anfällig für kleinste Veränderungen geworden, dass schon ein Engpass wie der 2012 in Deutschland ernsthafte Konsequenzen haben kann.

Wir reden nicht über etwas, was in ferner Zukunft auf uns zukommt. Wenn wir Glück haben, können wir die Lösung der Probleme den nächsten Generationen überlassen. Vielleicht geht es aber auch deutlich schneller.

Die Angaben darüber, wie lange die Vorräte noch reichen, schwanken von wenigen bis mehreren hundert Jahren.

Realistisch scheinen aus heutiger Sicht beim Erdöl ca. 50-100 Jahre (der Rückgang der Produktion wird mit durchschnittlich 2% pro Jahr angenommen).

Jedoch sind schon jetzt keine Steigerungen mehr möglich, die sich aus der wirtschaftlichen Entwicklung von Ländern wie China und Indien oder aus der immer größer werdenden Gier nach mehr Wohlstand zwangsläufig ergeben.

Alle Experten sind sich einig, dass der Höhepunkt der Ölförderung schon lange überschritten ist und bereits mehr als zehn Jahre zurückliegt.

Der Verbrauch dagegen ist trotz aller gegenteiligen Ankündigungen und Vereinbarungen weltweit stets gestiegen.

Die Menschen in den USA verbrauchen durchschnittlich bis zu 60-mal so viel Energie wie die Jäger und Sammler in der Steinzeit.[3] Mit dem Energieverbrauch steigt der CO_2-Ausstoß.

So hat Japan seine Emissionen um 7,8% erhöht, Spanien um sagenhafte 45%, Kanada um 25%, selbst Österreich um 15%, obwohl das Land über enorme Möglichkeiten verfügt, Energie aus Wasserkraft zu gewinnen.

Da scheint die Reduzierung in Deutschland um 0,6% als großer Erfolg.[4] Zu einer weltweiten Trendwende führt er jedoch nicht, zumal Deutschland, verglichen mit den meisten anderen Ländern der Welt, ohnehin schon zu den größten Verbrauchern gehört, ganz zu schweigen von den Amerikanern, die sich bisher weigern, ernsthaft über eine Verringerung ihres Verbrauchs nachzudenken.

Es ist sehr wahrscheinlich, dass sich dies unter dem Präsidenten Trump eher noch verschlechtern wird.

Mit dem Verbrauch von Erdöl haben wir bisher nur die eine Seite der Medaille betrachtet. Mit dem Verbrennen von fossilen Brennstoffen, eben auch Erdöl, wird ja außerdem noch schädliches Kohlendioxid, CO2, freigesetzt.

Aktuell erzeugen wir jährlich 34.000.000.000 (34 Milliarden) Tonnen Kohlendioxid.

Diese Zahl allein sagt noch nichts aus. Man muss sie ins richtige Verhältnis setzen. Der Anteil von Kohlendioxid in der Atmosphäre ist höher, als er nach heutigem Wissen in den letzten ca. eine Million Jahren war. Nun existiert unsere Erde schon länger als eine Million Jahre. Er war also auch schon mal höher, sogar um das Zehnfache. Entscheidend ist jedoch die Geschwindigkeit, mit der diese Veränderungen auftreten. Noch 1750 (vor der Industrialisierung) und damit in der Geschichte der Erde gerade mal einen Wimpernschlag zurück, war der Anteil um 40% niedriger.[5] Jeder Mensch verbraucht heute durchschnittlich mehr als achtmal so viel Energie wie ein Mensch vor rund 500 Jahren.[6]

Wie bereits erwähnt, führt die Verknappung der Rohstoffe zwangsläufig zu Preissteigerungen, die den Wohlstand immer stärker einschränken.

Der Ölpreis hat sich seit dem Jahr 2000 fast unbemerkt vervierfacht, da größere Schwankungen selten sind, wenn man noch wenig weiter zurückschaut (bis vor die Ölkrisen in den 70er Jahren) sogar mehr als verdreißigfacht.

Dies ist vielen Menschen nicht in diesem Maße bewusst, da auch die Einkommen gestiegen sind, nicht zuletzt, weil in vielen Familien mit den Frauen noch ein Verdiener hinzugekommen ist.

Mit der Verknappung eines Rohstoffs verändern sich auch die Preise der anderen Rohstoffe, auf die man zwangsläufig ausweicht.

So haben sich auch die Preise für Gas und Kohle mehr als verdoppelt.

Nur wenige werden in Zukunft ihr Einkommen künftig unter normalen Umständen weiter entsprechend steigern können. Es kommt also zwangsläufig zu Einschränkungen oder, anders ausgedrückt, es muss an anderer Stelle eingespart werden.

Das ist auch heute schon so, wir machen es uns nur nicht bewusst, weil der globale Markt dafür gesorgt hat, dass die Einschränkungen durch die zusätzlichen Leistungen anderer aufgefangen wurden.

Jeder, der ein 5er-Pack Socken beim Discounter kauft und dafür weniger als zehn Euro bezahlen muss, sollte sich darüber im Klaren sein, dass dies nicht unter den gleichen Bedingungen möglich sein kann, die wir bei uns als selbstverständlich voraussetzen.

Wir werden, sofern wir nicht jetzt schon betroffen sind, in absehbarer Zeit Prioritäten setzen müssen, wofür wir unser Geld ausgeben wollen.

Verbindlich kann das zwar niemand berechnen, da nicht vorhersehbar ist, wie sich der Verbrauch weiter entwickeln wird, aber es wird sich für die meisten nicht vermeiden lassen.

Schwellenländer wie China, Indien, Brasilien etc., die einen Großteil der Weltbevölkerung ausmachen, stehen erst am Anfang ihrer Entwicklung und wollen zu Recht am Wohlstand teilhaben.

Chinas „Großer Sprung nach vorn" in den Jahren 1958-1961 hatte aufgrund einer verfehlten Agrar- und Industriepolitik den Hungertod von ca. 35.000.000 (35 Millionen) Menschen zur Folge.

Dieses Leid ist noch im Bewusstsein vieler Chinesen fest verankert. Es hat nachvollziehbar das Bedürfnis geweckt, am Wohlstand der westlichen Welt teilzuhaben. Dabei liegen Länder wie China und Indien immer noch weit hinter den westlichen Ländern zurück.

Das Pro-Kopf-Einkommen in den USA ist immer noch mindestens fünfmal so hoch wie in China.

Es wird also noch jede Menge Energie benötigt.

Heute ist China schon einer der größten Erdölimporteure, während es noch vor der Ölkrise nicht einen Tropfen Erdöl eingeführt hat.

Der Energieverbrauch in den Schwellenländern wird nach Schätzungen noch um über 80% (!) zunehmen.[7]

Deshalb sollten die westlichen Länder, die mit der Erzeugung von Treibhausgasen begonnen haben, damit auch als Erste aufhören.

Sie sollten ihren Energieverbrauch reduzieren und die Erzeugung von alternativen Energien fördern.

Ein Lösungsansatz, den CO2-Anstieg zu bremsen, ist der Emissionshandel (Erwerb von begrenzten Zertifikaten für abgegebenes CO2), der dafür jedoch erweitert und weltweit umfassender werden müsste.

Auch wenn in China heute schon die meisten Windräder weltweit stehen und die Hälfte der weltweit größten von insgesamt 45.000 Staudämme, erzeugt China noch 67% seiner Energie aus Kohleverbrennung, was dazu geführt hat, dass die Feinstaubbelastung bereits zur vierthäufigsten Todesursache geworden ist.

Bereits 2006 wurde an jedem zweiten Tag ein neues Kohlekraftwerk mit einer Leistung von 500 Megawatt in Betrieb genommen.

Dabei liegt der Pro-Kopf-Verbrauch von CO2 in China (6,9 Tonnen) noch weit hinter dem der USA (18,1) und auch, trotz aller Anstrengungen, hinter dem von Deutschland (10,2 Tonnen). In Indien liegt er noch einmal deutlich niedriger (1,4 Tonnen).[8] Man mag sich nicht vorstellen, was dort noch für Entwicklungen zu befürchten sind.

Es ist kaum vorstellbar, was eine Steigerung auf die von uns verbrauchten Mengen in Ländern wie China und Indien mit ihrem Anteil an der Weltbevölkerung zur Folge hätte.

Der wirtschaftliche Aufschwung hat zahlreiche Folgen, die jede für sich zu steigenden Verbräuchen in vielen Bereichen führen. So hat er in China unter anderem für einen großen Bauboom gesorgt.

Kein Wunder also, dass China beispielsweise in drei Jahren mehr Zement verbraucht hat als die USA in 100 Jahren.[9]

Die Hoffnung, dass der Mensch den Verbrauch von Ressourcen zugunsten künftiger Generationen reduzieren wird, entbehrt leider jeder Realität, da sich Investitionen in den Klimaschutz eben nicht sofort, sondern erst in 100 Jahren bezahlt machen.

In Zeiten, wo die Führer von Unternehmen ihre Bilanzen in immer kürzeren Zeiträumen rechtfertigen müssen, ist kein Raum für langfristige Investitionen.

Viele Unternehmen, die dies in guter Absicht in Erwägung ziehen würden, kämen gar nicht in die Verlegenheit, diese Ziele umzusetzen, da sie schon nach kurzer Zeit vom Markt verschwunden wäre.

Für eine nachhaltige Wirtschaft gibt es in einem globalen Markt ohne weltweite Regeln keinen Spielraum. Es gibt immer genügend Menschen, die eine solche Unternehmensstrategie zu ihren Gunsten ausnutzen würden.

Deutschland ist aktuell der einzige Industriestaat mit einem vergleichbaren Energieprogramm, und man wird den Eindruck nicht los, dass die übrigen Industriestaaten uns ein wenig dafür belächeln, weil wir es uns freiwillig schwerer machen als andere.

Nutzen wird es wahrscheinlich eher wenig, denn Deutschland trägt trotz der hohen Verbräuche nur 2% zum weltweiten CO_2-Ausstoß bei.[10] Und dabei hat man sich in Deutschland auf den Weg gemacht, etwas in die richtige Richtung zu bringen, und sei es auch nur, weil es politisch nach dem Atomunfall in Fukushima angezeigt war, ohne den Bürger zu fragen.

Die Strompreise liegen in Deutschland weit über denen vergleichbarer europäischer Staaten, allein um alternative Energien zu subventionieren.

Dies gilt pikanterweise nicht für die Großverbraucher, wie z.B. die Stahlkonzerne, denen man aus Gründen der Aufrechterhaltung ihrer Wettbewerbsfähigkeit weitaus günstigere Tarife anbietet.

Eine Befreiung von der EEG-Umlage reduziert den Satz von 5,28 auf unglaubliche 0,05 Cent pro Kilowattstunde.[11] Da nicht alle Unternehmen die Schwelle automatisch erreichen, bei der sie in den Genuss der vergünstigten Tarife kommen, wird der Verbrauch auch schon mal künstlich erhöht. Die Zahl der Befreiungsanträge steigt stetig. Wir sparen, koste es, was es wolle. Dies ist ein typisches Merkmal dafür, was passiert, wenn Politik in den Markt eingreift. Vergünstigungen für bestimmt Gruppen führen fast immer zu Missbrauch.

Dass bei künstlichen Eingriffen in den Markt seitens der Politik immer wieder enorme Fehler gemacht wurden, ohne dass dafür ein Politiker zur Rechenschaft oder gar zum Schadenersatz herangezogen wurde, lässt sich kaum bestreiten. Häufig fehlen jedoch auch einfach auch die Erfahrungen.

Ein besonders anschauliches Beispiel sind die Biogasanlagen, die grundsätzlich eine sinnvolle Maßnahme sind, wenn dafür Abfälle verwendet werden.

Die Biogasanlagen sind jedoch durch falsches Vorgehen der Politik genauso aus dem Boden geschossen wie der Mais, der für den Betrieb dieser Anlagen gar nicht vorgesehen war. Leider haben die Politiker, zumindest zeitweise, in ihrem Subventionsdickicht selbst den Überblick verloren.

Auch Millionen Kilowattstunden Windstrom gehen immer wieder verloren, weil die Netze sie wegen Überlastung nicht aufnehmen können.

Politik ist viel zu kurzfristig angelegt, um langfristig aktiv zu werden. Dadurch werden Maßnahmen häufig unvorbereitet auf den Weg gebracht, um schnelle Erfolge vorweisen zu können, andere unnötig verschleppt, weil sie keine kurzfristigen Erfolge versprechen.

Durch unsere wissenschaftliche Forschung lassen sich die meisten Entwicklungen über Jahre, wenn nicht Jahrzehnte, vorausberechnen. Niemand kann zwar garantieren, dass diese Berechnungen auch tatsächlich so eintreten, sie geben aber dennoch Hinweise für ein sinnvolles Vorgehen. Es wäre also kein Problem, sich auf Entwicklungen frühzeitig einzustellen und entsprechende Maßnahmen zu treffen.

Inzwischen denkt man zunehmend darüber nach, Subventionen wieder zu kürzen, weil man Fehlentwicklungen korrigieren will. Dies führt zu neuen Problemen, da ganzen Branchen in kürzester Zeit die Existenzgrundlage geraubt wird.

Auf der anderen Seite werden Innovationen in vielen Bereichen durch große bürokratische Hürden unnötig behindert. Hier wäre es sinnvoll, auf politischer Seite Voraussetzungen für schnelle Verfahren zu schaffen.

Stattdessen wird nur nach Katastrophen zwar schnell, meistens jedoch nicht dauerhaft reagiert.

Wenn man den Zeitraum nach den Ölkrisen betrachtet, als allen schlagartig bewusst wurde, dass die natürlichen Ressourcen nicht unendlich verfügbar sind, muss man feststellen, dass das meiste Geld in die Förderung von Atomstrom gesteckt wurde, eine Möglichkeit der Stromerzeugung, die man inzwischen abschaffen will (187 Milliarden Euro), gefolgt von der Steinkohle (177 Milliarden Euro) und der Braunkohle (65 Milliarden), beides Rohstoffe, die ebenfalls zu erheblichen Umweltbelastungen führen. Dafür versucht man die Feinstaubbelastung durch Fahrverbote von Dieselfahrzeugen zu reduzieren und „enteignet" damit deren Eigentümer zum zweiten Mal nach Einführung der Umweltplaketten. Der Bürger hat stets ungefragt für die Fehler der Politik den Kopf hinzuhalten.

Erst dahinter kommen die erneuerbaren Energien mit 57 Milliarden. Atomenergie (Endlager) und Kohlegruben (Wasserhaltung) werden durch sogenannte „Ewigkosten" ihren Anteil noch weiter erhöhen.[12]

Die Atomenergie, eine Energieform, die bis heute keine zufriedenstellende Lösung für die Endlagerfrage gefunden hat, sondern deren Lösung und Folgekosten schamlos den Nachfolgegenerationen überlassen bleiben, gehörte von der Regierung Merkel noch zu Beginn ihrer Amtszeit zu dem bevorzugten Energiepaket, um dann nach der Katastrophe von Japan über Nacht abgeschafft zu werden. Beides war falsch. Deutschland sollte weiter an Lösungen für die Risiken bei der Nutzung von Atomkraft forschen.

Viele in Deutschland mit dem Geld der Steuerzahler entwickelte Technologien sind längst wieder aus unserem Land verschwunden, weil Schwellenländer wie China sie inzwischen ohne großen Aufwand kopieren und dann günstiger anbieten können.

Dies hat übrigens eine jahrhundertealte Tradition. Nicht wenige Spitzentechnologien, angefangen vom Auto bis zum Computer, wurden in Deutschland erfunden.

Das Geld wurde häufig im Ausland damit verdient.

Aber auch in Deutschland, wo man davon ausgehen kann, dass das Bewusstsein für den Umstieg auf alternative Energien eher stärker ausgeprägt ist, denkt kaum jemand daran, auf seinen SUV zu verzichten, um zu verhindern, dass seinen Kindern lebensnotwendige Produkte aus Erdöl vorenthalten bleiben.

Dabei gibt es sachlich keinen Grund, solche Autos überhaupt zu bauen.

Allein der Markt bestimmt, welche Autos produziert werden. Den

Markt bestimmen die Verbraucher, und die entscheiden, solange sie es sich leisten können, nicht rational, sondern emotional.

Dies hat man in der Werbung schon lange erkannt und spricht daher Emotionen an.

Etwa die Hälfte aller mit dem PKW zurückgelegten Strecken betragen weniger als fünf Kilometer und könnten häufig bequem und zur Aufrechterhaltung der eigenen Gesundheit mit dem Rad oder sogar zu Fuß zurückgelegt werden. Stattdessen legen wir sie mit dem Auto zurück und strömen zum Ausgleich in Fitnesszentren (natürlich in der Regel mit dem Auto).

Fahrgemeinschaften entstehen meist auch nur, wenn der Geldbeutel nichts anderes zulässt oder die Strecken zu groß werden, um sie noch wirtschaftlich bewältigen zu können, wie bei Pendlern, von denen es auch erschreckend viele gibt. Warum eigentlich? Ständige Zugausfälle und Verspätungen erhöhen die Attraktivität von Alternativen jedoch auch nicht.

Die Annahme, dass ein Land wie Deutschland derartige Probleme durch neue Technik lösen wird, ist nach wie vor unerschütterlich, dient er doch zur Beruhigung der eigenen, offenbar unvermeidbaren Maßlosigkeit.

Jedes Jahr werden über 70.000.000 (70 Millionen) neue Autos auf die Straßen gebracht, obwohl die Durchschnittsgeschwindigkeit eines PKW in den Industriestaaten stetig sinkt. Wenn Ihr Auto über eine Funktion verfügt, mit der Sie die Durchschnittsgeschwindigkeit ermitteln können, werden Sie, je nach Einsatzradius, feststellen können, dass Sie diese Strecken genauso gut mit einem Fahrrad, insbesondere mit einem E-Bike, hätten bewältigen können, was allerdings schon daran gescheitert wäre, dass es meistens geregnet hat, wenn Sie sich auf den Weg machen wollten.

Noch zu meiner Schulzeit hat das Wetter seltsamerweise niemanden wirklich interessiert, wenn es darum ging, wie wir zur Schule kommen sollten. Mit dem Auto wurden wir praktisch nie zur Schule gebracht. Im Notfall konnte man den Bus benutzen, was man sich sehr genau überlegt hat, musste man doch zu Fuß zur Bushaltestelle und von dieser nach dem Verlassen des Busses auch zur Schule, ganz zu schweigen von den Wartezeiten und dem fehlenden Sitzplatzangebot in den Bussen an solchen Tagen.

Heute werden immer mehr Kinder mit dem Auto zur Schule gebracht. Während meiner Zeit im Schulelternrat wurde das Parkplatzproblem vor der Schule fast ständig thematisiert.

Auch der enorme Anstieg von Flugreisen ist nicht zu vernachlässigen, da die in großer Höhe abgegebenen Schadstoffe fast dreimal so wirksam sind wie auf der Erde. Eine einzige Fernreise macht Ihre persönliche Bilanz hinsichtlich des Energieverbrauches für ein ganzes Jahr zunichte. Dennoch erfreuen sich Flugreisen zunehmender Beliebtheit, zumal sie erstaunlicherweise inzwischen, trotz steigernder Energiepreise, für viele erst erschwinglich geworden sind und mittlerweile bei jedem größeren Discounter angeboten werden.

Vielleicht liegt das ja daran, dass der internationale Luftverkehr keine Treibstoff- und keine Mehrwertsteuer zahlt, also steuerbefreit ist. Dies war schon Thema, als der ehemalige CSU-Vorsitzende und bayerische Ministerpräsident Franz-Josef Strauß als Hobbypilot diese nicht nachvollziehbare Regelung verteidigt hat, und der starb bereits 1988.

Schon jetzt ist der Verbrauch allein an Erdöl gigantisch. Trotzdem werden immer noch bei der Erschließung entstehende Gase scheinbar sinnlos abgefackelt und bei der Stromerzeugung über die riesigen Kühltürme zwei Drittel der ursprünglichen Energie in die Atmosphäre abgegeben, die man bei einer dezentraleren Verarbeitung (z.B. mit Blockheizkraftwerken) größtenteils nutzen könnte.

Ähnlich ist es beim Kraftstoff der Autos. Von der chemischen Energie im Benzin wird nur ein Fünftel zum Antrieb des Fahrzeugs verwendet, der Rest geht verloren (Wärme, Reibung etc.).

Mit unseren so hoch eingeschätzten technischen Fähigkeiten ist es also nicht allzu weit her.

Fakt ist, dass die Ressourcen in absehbarer Zeit erschöpft sein werden. Die Menschen können nicht einfach weiterziehen und sich eine neue Erde suchen. Unsere Generation wird zu denen gehören, die diese Speicher, deren Entstehung sich über 300 Millionen Jahre erstreckt hat, in kürzester Zeit egoistisch ausgebeutet hat.

Was kommt nach den fossilen Brennstoffen?

Ganz klar. Dann machen wir das eben mit Solarenergie. Wenn man manche Politiker so reden hört, könnte man tatsächlich glauben, es läge nur daran, die notwendigen Beschlüsse zu treffen, und ab 2030 fahren alle Elektroautos, beheizen ihre Häuser mit Wärmepumpen, die dann sinnvollerweise auch mit Solarstrom betrieben werden müssten.

Natürlich hat man bis dahin längst alle Kohlekraftwerke durch nachhaltige Energieerzeuger ersetzt, andernfalls kommt aus den Steckdosen für die Elektroautos auch nur der Strom aus den Kraftwerken, die mit fossilen Brennstoffen betrieben werden, nur dass diese dann schon vorher zwei Drittel ihrer Energie zum Schornstein hinausgejagt haben. Aber vielleicht will man ja auch den umweltfreundlichen Strom aus den Kernkraftwerken der Nachbarländer dafür verwenden, da wir unsere ja erfreulicherweise schon vor Jahren begonnen haben, abzuschalten. Selbst dem grünen Ministerpräsidenten Kretschmann war dies hinter vorgehaltener Hand schon aus logistischer Hinsicht („Wo sollen die alle tanken, das dauert doch viel zu lange"), viel zu unrealistisch. Selbst wenn man sich als technikverliebter Deutscher vielleicht vorstellen kann, dass man dieses Problem lösen könnte, bleibt die Frage danach, was der Rest der Welt macht, wo der ganze Strom überhaupt bis dahin herkommen soll und für welche Einsätze er dann gegebenenfalls nicht zur Verfügung steht. Aber wahrscheinlich haben die Politiker das ohnehin nicht ganz ernst gemeint. Das wäre ja auch nicht das erste Mal, dass man unrealistische Ziele setzt, um sich wenigstens auf den richtigen Weg zu machen. Man muss nur aufpassen, dass einen immer noch die große Mehrheit ernst nimmt, sonst erreicht man im Zweifelsfall das Gegenteil.

Ich glaube, man darf sich sicher sein, dass der Mensch wider aller Vernunft jeden nur erreichbaren Rohstoff ausbeuten wird (mit dem Ende der Kohle rechnet man erst in 200 Jahren), bevor er sich ausschließlich mit alternativen Energien versorgen wird, zumal diese den Bedarf, wider allen gegenteiligen und sehr theoretischen Behauptungen, nicht decken werden.

Zukünftig wird Energie für so alltägliche Dinge wie die Herstellung von Trinkwasser benötigt.

Flüsse wie der Colorado River erreichen bereits seit Jahrzehnten ihr Delta nicht mehr, die australische Küstenstädte investieren heute bereits Milliarden Dollar in Meerwasserentsalzungsanlagen, die enorme Mengen an Treibstoff verbrauchen.

Wissenschaftler gehen davon aus, dass bereits in weniger als zehn Jahren 3.000.000.000 (3 Milliarden) Menschen unter Wassermangel leiden werden.

Wasser ist ein Grundbedürfnis, das zu enormen Spannungen auf der Welt führen wird, wenn es nicht befriedigt wird. So wie heute Kriege um Öl geführt werden (um fast nichts anderes geht es bei den Konflikten im Nahen und Mittleren Osten), wird es dann Kriege um Trinkwasser geben, sofern man sich diese noch leisten kann.

Schon seit Jahrzehnten werden Kriege überwiegend wegen sich verringernder, natürlicher Ressourcen und deren Folgen geführt.

Aber die Kriege werden ja möglicherweise günstiger, weil man sie ja künftig gegebenenfalls digital führen kann.

Der Lebensstandard der westlichen Welt geht auf Kosten der davon ausgeschlossenen Mehrheit, die sich das immer weniger gefallen lässt.

Alle Alternativen sind hinlänglich bekannt. Neue Energiequellen wird es nicht geben.

Lediglich die Ausbeute ist noch verbesserungsfähig.

Die Verbräuche sind enorm.

Ein Beispiel: Allein der Energieriese BASF verbraucht nach eigenen Angaben so viel Strom wie die gesamte Schweiz.[1]

Was bleibt also an Möglichkeiten und Energieformen?

Atomkraft

Die Atomkraft wird weiter genutzt werden, möglicherweise auch in Deutschland, zumindest indirekt.

Aber machen wir uns nichts vor. Die aktuell ca. 430 Atomkraftwerke weltweit decken auch nur ca. 3% des globalen Energiebedarfs.[2]

Strom wird, solange keine günstigeren Alternativen zur Verfügung stehen, wieder oder immer noch aus Atomkraft erzeugt werden.

Daran haben Tschernobyl und Fukushima auch wenig geändert, und daran wird sich, bei zunehmender Verknappung des Stromangebotes, sicher auch nichts zu Lasten der AKW ändern.

Die Reserven an notwendigem Uran bzw. wiederaufbereitetem Material sind weitaus größer als bei allen anderen Rohstoffen.

Man geht von einer Nutzung für die nächsten 20.0000 Jahre aus.[3]

Bekanntlich birgt die Atomkraft enorme Risiken. Das größte Risiko ist, dass die Abfallstoffe für bis zu 300.000 Jahre radioaktiv bleiben können.

Für diese Zeiträume kann niemand eine vergleichsweise einfache Unterbringung in entsprechend abgeschirmten Lagern sicherstellen, da diese Lager ständigen, nicht vorhersehbaren und damit auch nicht beherrschbaren Veränderungen ausgesetzt sind. Man muss sich einmal bewusst machen, wie sich die Erde in den letzten Jahrtausenden verändert hat. Klimaschwankungen, wie sie zurzeit bei uns ständig thematisiert werden, spielten sich in diesen Zeiträumen in ganz anderen Dimensionen ab, die von Menschen nicht beherrschbar sind. Man denke da nur an die letzte Eiszeit.

Aktuell werden zusätzliche Treibhausgase erzeugt, um auf die Kernenergie verzichten zu können. Es ist sehr unwahrscheinlich, dass es gelingt, den Anteil der Kernenergie durch erneuerbare Energie in absehbarer Zeit auszugleichen.[4]

Unabhängig davon hat der Ausstieg Deutschlands das weltweite Risiko der Kernkraft erhöht, da Deutschland in dieser Technologie weltweit führend war und erheblich zur Verbesserung der Sicherheit von Kernkraftwerken beigetragen hat.

Die durch Kernkraft verursachten Gefahren, die zweifellos enorm groß sind, werden jedoch vielfach überschätzt, weil auch sie in der Medienlandschaft mehr Aufmerksamkeit erfahren als andere Technologien.

Wenn in Deutschland Windkraft und Sonnenenergie den Bedarf nicht decken, springen französische Kernkraft- und polnische Kohlekraftwerke ein. Wie meistens trägt die Politik nicht zur Verbesserung der Lage bei, sondern schafft durch Aktionismus neue Probleme.

Auch wenn wir unsere Möglichkeiten, Energie einzusparen, bei Weitem bisher nicht nutzen (allein 5% des privaten Stromverbrauchs entfallen laut einer Studie der Verbraucherzentrale Rheinland-Pfalz auf eigentlich so unsinnigen Luxus wie Wäschetrockner, trotzdem gehört ein entsprechender Anschluss wie selbstverständlich in jeden Neubau), wird das nicht die Wende bringen.

Selbstverständlich sollte trotzdem jede Möglichkeit genutzt werden, Energie einzusparen.

Leider geschieht dies auch in Deutschland nicht ansatzweise, von Ländern wie den USA ganz zu schweigen. Immerhin ist es in Deutschland gelungen, den Energieverbrauch in den vergangenen 20 Jahren um 8,6% zu senken.

Wenn alle Hausbesitzer einer Stadt ihre Häuser auf den Stand der Technik bringen würden, hätte das, gemessen am CO_2-Ausstoß, lediglich, aber auch immerhin, eine Reduktion von 15% zur Folge.[5]

Die ganz große Mehrheit hat das, allen gegenteiligen Berichten und Eindrücken zum Trotz, jedoch bisher nicht getan, und der Staat geht mit negativem Beispiel bei seinem Gebäudebestand voran. Man denke nur an die vielen unsanierten Schulen.

Ca. 90% aller Gebäude sind Altbestand, und der Anteil deren, die etwas zur energetischen Verbesserung tun, ist ernüchternd gering. Die Sanierungsquote liegt unter 1%.

Bei Glühbirnen alter Bauart kamen von der Ursprungsenergie nur 4% als Licht an. Der Rest ging bei der Kette vom Rohstoff bis zum Verbraucher verloren.

Es bedurfte intensiver Bemühungen des europäischen Parlamentes, um diese Glühbirnen vom Markt zu nehmen.

Allein dies zeigt, mit welchen Fragen sich unsere Politiker beschäftigen, als gäbe es nicht wesentliche wirksamere Maßnahmen Energie zu sparen, was ja nicht bedeutet, dass man die Glühbirnen nicht ersetzen sollte.

Dabei ist selbst diese Maßnahme ja bis heute sehr umstritten, weil die neuen Leuchten Quecksilber enthalten und damit wieder neue Probleme bei der Entsorgung verursachen.

Auch beim Energiesparen geht es letztlich zunächst um die Bedienung der Industrie. Lobbyisten sorgen dafür, dass ihre Produkte Anwendung finden.

Das führt dazu, dass wir unsere Neubauten zunehmend in Plastiktüten, also in Hartschaumverkleidungen, packen.

Selbst in Norddeutschland, wo man seit Jahrhunderten die Häuser mit einem Verblendmauerwerk aus Klinkern versehen hat, sieht man inzwischen fast ausschließlich Putzbauten, was sie tatsächlich auch nicht mehr sind, weil sich hinter dem meist mit chemischen Zusätzen angereichertem Putz in der Regel der aus wertvollem Erdöl hergestellte Hartschaum (im günstigsten Fall bei weit über 1000°C aus verflüssigtem Stein hergestellte Mineralwolle) und eine vergleichsweise schlanke, im ungünstigsten Fall künstlich aus leichten Materialien hergestellte Mauerwerkswand befindet, die wenig bis keine Speicherung von Wärme mehr ermöglicht. Solche Häuser heizen sich schnell auf und brauchen deshalb einen Sonnenschutz, nutzerunabhängige Lüftungsanlagen dem Bürger traut man nicht mehr zu, selbst ausreichend zu lüften) und robuste Bewohner, die nicht übermäßig empfindlich auf Schimmelpilze reagieren, die zunehmend anzutreffen sind.

Baustoffe, die einen vergleichsweise geringen Energiebedarf haben, wie Ziegel, Lehm oder Holz, finden selten Anwendung, es sei denn, es ist gerade angesagt, ökologisch zu bauen, was immer jeder

Einzelne darunter versteht. Eine Zeit lang galt es als besonders ökologisch, einen meist noch beheizten und durch aufwendige Anlagentechnik belüfteten Wintergarten anzubauen, der nichts anderes als eine Wohnraumerweiterung war. Auch Regenwasser für die WC-Spülung zu nutzen und Garagendächer zu begrünen fand man einige Zeit sehr sinnvoll. Heute hört man fast nichts mehr davon, dabei ist Wasser wertvoller denn je, und freie Flächen werden zunehmend versiegelt. Vielleicht liegt es ja auch daran, dass man diese Aspekte darüber schlicht vergessen hat, da inzwischen so viele andere Forderungen dazu gekommen sind. Oder man hat Angst, dass das Bauen in Deutschland unbezahlbar wird. In einigen Regionen ist dies für „Otto Normalverbraucher" längst der Fall.

Man darf nicht übersehen, dass bereits heute 2,5 Milliarden Menschen ihre Energienachfrage mit Biomasse aus Holz (oder im besseren Fall aus Dung) decken. Holz ist ein Rohstoff, der ebenfalls nicht unbegrenzt verfügbar ist. Manche Politiker versuchten einem über Jahre einzureden, dass es nichts Nachhaltigeres gäbe, als mit Holz zu heizen, weil Holz genauso viel CO_2 bindet, wie wieder freigesetzt wird. Inzwischen rudern sie zurück und zwingen die Bürger zur Nachrüstung ihrer Kamine mit Filtern. In vielen Regionen der Welt tragen Abholzungen zu Versteppung der Böden bei und vergrößern die Probleme der Menschheit.

Die Verbrennung von Holz ist gleichzeitig eine der gefährlichsten Formen von Energienutzung, da durch die Schadstoffbelastung von offenen Feuern in Innenräumen jedes Jahr Millionen Menschen sterben.[6]

Solaranlagen

Solaranlagen werden den Ansprüchen auch künftig nicht vollständig gerecht werden, weil eine Speicherung in einem dafür erforderlichen Umfang nicht möglich sein dürfte.

Die vielfach angepriesenen Pumpspeicherwerke, bei denen mit überschüssiger Energie Wasser in große Speicher gepumpt wird, aus denen dann mittels Wasserkraft wieder Energie zurückgewonnen wird, wenn man sie benötigt, sind keine wirkliche Lösung, da hier bereits 20% der ursprünglichen Energie verloren geht.

Ähnlich verhält es sich bei der Power-to-Gas-Technologie, bei der überschüssiger Wind- und Solarstrom durch Elektrolyse in Wasserstoff und durch Methanisierung in Methan umgewandelt wird.

Noch schlechter schneidet die Umwandlung von Strom in Erdgas ab, bei der 40% der Energie in Wärme umgewandelt werden. Jede Umwandlung, ohne die man Solarenergie nicht speichern kann, ist mit mehr oder weniger großen Verlusten verbunden. Nun könnte man ja meinen, dass dies keine Rolle spielt, solange man beliebig viel Energie aus Solaranlagen gewinnen kann. Auch wenn dies theoretisch möglich wäre, stoßen wir doch neben den technischen Schwierigkeiten, diese Energie zu speichern, auch an Grenzen beim Transport. Überall scheint nun einmal nicht ausreichend Sonne. Wenn es so einfach wäre, bräuchte der Staat uns nicht mit den enormen Kosten zusätzlich zu belasten, die zur Subventionierung von regenerativen Energien benötigt werden.

Für Strom aus Solarmodulen, die den deutschen Stromkunden schon über 50.000.000.000 (50 Milliarden) Euro an Subventionen gekostet haben[7], werden außerdem gigantische Flächen benötigt. Da muten überdachte Autobahnen, wie sie der Journalist Franz Alt vorschlägt, doch eher abenteuerlich an.[8]

Solarenergie ist ganz nebenbei übrigens die teuerste regenerative Energiequelle, nicht zuletzt wegen der energieaufwendigen Herstellung der Solarmodule.

Die Politik plant allem Anschein nach die Zukunft mit Energie aus Solar- und Windkraftanlagen. Dies wird sicher ein wesentlicher Baustein sein, die Lösung aller unserer Energieprobleme ist es jedoch nicht. Schon gar nicht für den gewaltigen Energieverbrauch unserer Fahrzeuge.

Elektrische Antriebe, Brennstoffzellen auf Wasserstoffbasis oder ähnliche Alternativen werden nach meiner Befürchtung lediglich regionale Bedeutung haben.

Ich bin sicher, dass dies in informierten Kreisen, zu denen ich auch die meisten Politiker zähle, hinlänglich erkannt ist. Umso mehr erstaunt es einen, dass diese Alternativen immer wieder, zum Teil unter Einsatz erheblicher Subventionen, propagiert werden.

Allein die Schädigungen der Umwelt durch die erforderlichen Batterien wären nicht kontrollierbar.

Der Anteil der Elektroautos (1,3 Millionen) lag 2016 nur geringfügig über 0,01% am Gesamtbestand. 99,99% wurden nicht elektrisch angetrieben. Selbst bei der angestrebten Erhöhung auf 20 Millionen Fahrzeuge würde das lediglich ca. 2% des Gesamtbestandes ausmachen.

Dies hindert die Politik jedoch nicht daran, auch diese Technologie mit erheblichen Subventionen zulasten der (wie immer nicht gefragten) Steuerzahler zu fördern.

Wie abwegig mit dem Thema *Elektroauto* umgegangen wird, zeigt vielleicht folgendes Beispiel: BMW bot 3 Münchner Familien den BMW i3 zur Probe an, einen „Kleinwagen" mit 169 (!) PS, 4 Türen, über den die Fahrerin, Pamela L., nicht einmal schauen konnte.

Als Bildunterschrift stand: „Pamela L. findet es wichtig, ihre Kinder so früh wie möglich mit dem Umweltgedanken vertraut zu machen."[9]

Der 2016 vom Bundesrat gefasste Beschluss, ab 2030 nur noch Autos mit Elektroantrieb, also ohne Verbrennungsmotor, zulassen zu wollen, zeigt, wie unrealistisch mit dem Thema umgegangen wird.

In diesem Zusammenhang wurde nicht ein einziger Hinweis darauf gegeben, wo der Strom für diese Autos herkommen soll.

Die fast schon romantisch anmutenden Ladestationen in Parkhäusern oder an öffentlichen Plätzen können nicht darüber hinwegtäuschen, dass es nicht mal ansatzweise genug Strom aus erneuerbaren Quellen gibt. Die Autos dagegen mit Strom aus den von Kohlekraftwerken gespeisten Netzen zu betreiben, würde das ganze Problem geradezu auf die Spitze treiben.

Beim Strom, sofern er nicht aus alternativen Energiequellen stammt, betragen, wie bereits mehrfach erwähnt, allein die Verluste bei der Herstellung über 60%.

Er ist in dieser Form nicht nur eine sehr teure, sondern auch sehr schädliche Energie.

Photovoltaik ist aber in unseren Breiten immer noch teurer. Strom scheidet somit vorläufig schon aus Kostengründen (und das ist im Kapitalismus unserer Zeit immer noch das entscheidende Argument) als Alternative für den Betrieb von Autos aus, denn die Mehrheit wird sich nicht dauerhaft für eine teurere Variante entscheiden, und eine dauerhafte Subventionierung zahlen wir letztlich auch alle.

Unabhängig davon gibt es nicht annähernd genug wirtschaftlich gewinnbares Lithium für die erforderlichen Batterien, die bei einer Umstellung auf Elektrobetrieb notwendig wären.

Haben die Politiker sich einmal bewusst gemacht, an welcher Stelle sie Strom sparen wollen, um damit stattdessen Autos betreiben zu können? Vielen ist offenbar gar nicht bewusst, wofür in unserem Alltag der ganze Strom benötigt wird.

Man kann nicht einmal auf die Toilette gehen, wenn der Strom ausfällt.

Einen Eindruck kann man sich im Bestseller „Black-out" von Marc Elsberg verschaffen.

In diesem Buch, zwar „nur" einem Roman, beschreibt der Autor sehr eindrucksvoll, was passieren kann, wenn der Strom auch nur für ein paar Tage ausfällt.

Das gesamte gesellschaftliche Leben, die Versorgung mit Lebensmitteln, der Betrieb von Krankenhäusern, die Wasserversorgung von Mensch und Tier, die gesamte Kommunikation, der gesamte Verkehr, die Versorgung mit Zahlungsmitteln, die gesamte Industrie – alles bricht zusammen!

In wenigen Tagen, wohlgemerkt.

Es gibt praktisch keinen Bereich, der nicht vom Strom abhängt. Selbst die Bundesregierung hat sich nach dem Erscheinen des Buches von Elsberg beraten lassen.

Der Versuch, mit erneuerbaren Energien allein ein Land wie Deutschland zu versorgen, ist schon abenteuerlich genug. Zwangsläufige Schwankungen durch die erschwerte Speicherung von erneuerbaren Energien können möglicherweise mit allen negativen Randerscheinungen, wie steigender Abhängigkeit, nur durch das Einspringen von energetisch unabhängigen Nachbarländern aufgefangen werden.

Es muss aber noch nicht einmal ein Mangel an Energie vorhanden sein. Es reicht, dass Menschen, aus welchen Motiven auch immer, die Stromversorgung durch Eingriffe in die sie steuernden Computer zusammenbrechen lassen.

Bei der Nutzung der Sonnenenergie gibt es Grenzen. So lässt die Effektivität von Solarkollektoren bei höheren Temperaturen, wie sie ausgerechnet in den sonnenreichen und deshalb wärmeren Gebieten der Erde vorherrschen, wieder nach. Auch die Gewinnung und Verarbeitung von Metallen zur Produktion von Solaranlagen benötigt so viel Energie, dass zunächst eine negative Bilanz entsteht.

Windkraft und Photovoltaik tragen aber trotz der enormen Anstrengungen lediglich 2,5% zur Deckung des Energiebedarfs in Deutscland bei, während der Anteil der in absehbarer Zeit auslaufenden Kernenergie bisher 8,1% betragen hat. Die Bemühungen um Alternativen wurden von stark gestiegenen Strompreisen und steigenden Schwankungen in der Energieversorgung begleitet.

Windräder

Bei Strom aus Windrädern haben wir, was die Speichermöglichkeiten angeht, die gleichen Probleme wie bei den Solaranlagen.

Über die Zahl der Windräder wurde schon immer gestritten, da sie keiner in seiner unmittelbaren Nachbarschaft haben will.

Sie lässt sich, allen Beschlüssen der Politiker zum Trotz, auch nicht beliebig erhöhen. Neben fehlenden geeigneten Standorten, z.B. in Süddeutschland, erzeugen sie Lärm, werfen Schatten und sind vielfach auch eine optische Belästigung.

Die bald 30.000 deutschen Windkraftanlagen decken gerade mal einmal etwas mehr als 13% des Strombedarfs in Deutschland, was nicht zuletzt auch an ihrer geringen Auslastung liegt, die unter 20% liegt. Wie schon erwähnt, der Glaube an die technische Lösbarkeit unserer Probleme reicht nicht aus.

Weltweit deckt die Windkraft weniger als 4% des Strombedarfs.

Volkswirtschaftlich sind die Windräder stark umstritten. Sie haben vor allem Hersteller und Betreiber reich gemacht. Gezahlt hat das bei uns über höhere Stromtarife komplett der deutsche Stromkunde, der, wie immer, nicht einmal gefragt wurde.

Offshore-Windtechnologie ist auch keine echte Alternative. Ich habe selbst miterlebt, wie sich Bewohner und Touristen über 40 Kilometer entfernte Windräder vor der Insel Borkum über die angebliche optische Beeinträchtigung ereifert haben. Ganz abgesehen davon, dass diese doppelt so teuer sind wie die Anlagen an Land.

Dazu kommt, dass in Deutschland bereits mit der Errichtung der Offshore-Windräder die Anträge für deren Ersatz 20 Jahre später gestellt werden müssen, da sich die Genehmigungsverfahren so lange hinziehen. Unser Bürokratismus hält den wachsenden Anforderungen in vielen Bereichen nicht mehr stand, und dies trotz zunehmender Digitalisierung. Dann kommt es eben schon mal dazu, dass die Windräder fertig sind, die Anbindung ans Festland aber noch nicht alle Hürden genommen hat. Derartiger Bürokratismus ist auch an andere Stelle bedenklich.

Bereits genehmigte und im Bau befindliche Anlagen müssen mindestens vorübergehend stillgelegt und im ungünstigsten Fall wieder zurückgebaut werden, weil immer wieder durch Einsprüche lange Verfahren drohen. Wartet man diese Rechtsmittel regelmäßig ab, ist die Wirtschaftlichkeit häufig nicht mehr gegeben.

Wasserkraft

Besser sieht es bei den seltener erwähnten Wasserkraftwerken aus, da sie in Deutschland, im Gegensatz zu Ländern wie Norwegen, Österreich und der Schweiz, nur eine untergeordnete Rolle spielen. Sie decken immerhin mehr als 16% des weltweiten Strombedarfs[10] und arbeiten am effizientesten.

Unproblematisch sind jedoch auch Stauseeprojekte nicht, da sie erhebliche Mengen Methan freisetzen, das bei der Vergärung von organischem Material am Meeresgrund entsteht.

Länder wie Österreich oder die Schweiz profitieren von den Möglichkeiten der Wasserkraftnutzung, mit der sie mehr als die Hälfte ihres Stroms erzeugen, in Deutschland sind es dagegen bisher nur 3%.[11] Dies liegt auch, wie so oft, an den schon erwähnten, enormen bürokratischen Hürden in Deutschland.

Viele bekannte Möglichkeiten blieben bisher ungenutzt. Sicher ließen sich die gewaltigen Pegelunterschiede von Ebbe und Flut in der Nordsee durch Gezeitenkraftwerke der Zukunft nutzbar machen.

Kohle

Wenn die Erdölvorräte zur Neige gehen, wird man zunächst die Kohle zur Treibstoffgewinnung verwenden. Bereits der ehemalige Wirtschaftsminister Müller hat in Zeiten der rot-grünen Regierung prophezeit, dass wir irgendwann den eingestellten Abbau der Kohle im Ruhrgebiet wieder aufnehmen könnten. In jedem Fall belasten uns die Kosten der Kohlegruben noch stetig weiter. Das Grubenwasser im Ruhrgebiet beispielsweise muss zum Schutz des Grundwassers bis in alle Ewigkeit abgepumpt werden. Die Kosten liegen bei mehr als 100.000.000 (100 Millionen) Euro pro Jahr.

Wasserstoff

Auch Wasserstoff, viel gepriesen, scheint keine Lösung, da er nur in Verbindung mit anderen Elementen auf der Erde existiert, von denen er nur mit höherem Energieaufwand zu trennen ist, als er selbst produziert. Dennoch wird er für die Herstellung von Kunstdünger benötigt, wozu üblicherweise Erdgas als Energielieferant verwendet wird, was die Abhängigkeit von fossilen Brennstoffen erhöht.

Auch Bioethanol aus Mais ist als Lösung schon längst wieder verworfen worden. Neben den Nachteilen von Monokulturen ist inzwischen allen klar, dass die nutzbaren Flächen zur Ernährung der Weltbevölkerung benötigt werden. Aus dem gleichen Grund ist man auch wieder davon abgegangen, Solarzellen auf landwirtschaftlich nutzbaren Flächen aufzustellen.

Dazu kommt der enorme Wasserverbrauch beim Maisanbau.

Andere Nutzpflanzen, wie Gräser der Gattung Miscanthus, sind da wesentlich geeigneter, lösen aber ebenfalls nicht das Problem des Flächenverbrauchs.

Schätzungen gehen davon aus, dass wir schon in gut 30 Jahren (2050) 70% mehr Nahrungsmittel benötigen.[12] Die möglichen Anbaugebiete für Nahrungsmittel reduzieren sich aber weiter durch den Flächenverbrauch der ständig wachsenden Städte und Verkehrswege. Fast täglich liest man von fehlenden Wohnungen und nicht fertiggestellten Autobahnen und Umgehungsstraßen.

Aber unabhängig davon würden Biokraftstoffe selbst bei Nutzung der verfügbaren Flächen nur 10% der benötigten Treibstoffe liefern können.[13]

Trotzdem bin ich davon überzeugt, dass man versuchen wird, das aus Erdöl gewonnene Benzin durch synthetische Treibstoffe zu ersetzen, die in vergleichbarer Weise verwendet werden können.

Wenn die Kohle zur Neige geht, wird diese durch Biomasse ersetzt werden.

Da Biomasse aus der Landwirtschaft angesichts der größer werdenden Probleme im Zusammenhang mit der Ernährung der Weltbevölkerung nur sehr eingeschränkt zur Verfügung steht, wird diese Biomasse möglicherweise aus Algenfarmen gewonnen, die im offenen Meer angesiedelt werden können. Dabei ist jedoch völlig offen, welche Folgen ein massiver Algenanbau im Meer hätte, dessen Plankton für 70% der gesamten irdischen Lufterneuerung verantwortlich ist.

Bei allen Alternativen erscheint es dennoch sicher, dass der Energieverbrauch sich aufgrund eines begrenzten Angebotes reduzieren wird. Dies schränkt die Möglichkeiten der Menschen in fast allen Lebensbereichen erheblich ein. Nach der ersten Ölkrise 1973 stieg die Arbeitslosigkeit in Deutschland über Jahrzehnte an.

Allein im Verkehrsbereich verbraucht Deutschland rund ein Drittel seiner Primärenergie. Da vergleichbar preiswerte Energie nicht im erforderlichen Maße verfügbar sein wird, wird die Mobilität sinken.

Dies wird den globalen Handel mit Waren einschränkten und die regionalen Märkte mittelfristig wieder stärken.

Unabhängig davon sind Solar- und Windenergie, Erdwärme und Biogasanlagen für die Zukunft nicht wegzudenken und regional sehr wohl echte Alternativen zu fossilen Brennstoffen. Man rechnet damit, dass die Sonne noch Brennstoff für die nächsten fünf Milliarden Jahre hat. Letztlich liefert nur sie, in welcher Form auch immer, die benötigte Energie. Es kommt drauf an, wozu und wie verantwortlich wir sie nutzen.

Erdwärme

San Francisco kann seinen Strom schon heute fast zu 100% durch Erdwärme erzeugen.[14] Auch die Vulkaninsel Island hat hervorragende Möglichkeiten, die Erdwärme zu nutzen.

Selbst in Deutschland nimmt die Nutzung der Erwärme zu. Dies liegt jedoch hauptsächlich daran, dass die Nutzung von Erdwärme beim Strompreis subventioniert wird, denn Wärmepumpen brauchen

Strom, und der kommt eben immer noch überwiegend aus nicht-regenerativen Quellen und ist zu teuer, um damit Wärmepumpen wirtschaftlich betreiben zu können, da sich bei der Stromerzeugung, beispielsweise in Kohlekraftwerken, ohnehin schon zwei Drittel der Energie in Form von Wasserdampf über Kühltürme, im wahrsten Sinne des Wortes, in Luft auflösen.

Die Nutzung von Erdwärme ist eine langfristige Geldanlage, da die Investitionskosten durch die vergleichsweise teuren Bohrungen hoch sind.

Es gibt also nicht *die* Lösung. Man muss in jedem Einzelfall prüfen, welche Energieform sinnvoll eingesetzt werden kann. In jedem Fall wir es ein Mix verschiedener Energieformen sein.

Welche Folgen hat der Lebenswandel der Menschen für Tiere und Pflanzen?

Bei der immer stärker zunehmenden Geschwindigkeit, mit der wir unsere Lebensverhältnisse auf der Erde verändern, stehen wir erdgeschichtlich betrachtet kurz vor dem Kollaps. Die Frage ist, ob wir die Veränderungen noch beherrschen, also überhaupt noch Einfluss auf deren Entwicklung nehmen können, oder ob wir dem Abgrund bereits unwiderruflich entgegentreiben.

Ich bin in dieser Hinsicht recht zuversichtlich. Ich glaube, die Erde, und mit ihr ein erheblicher Teil der Tier- und Pflanzenwelt, wird den Menschen weitgehend unbeschadet überstehen und sich danach erstaunlich schnell wieder erholen.

Alexander von Humboldt hat schon um 1800 erkannt, dass der Mensch sich nicht umweltgerecht verhält und hat düstere Prognosen für seine Zukunft aufgestellt.

Er sah den Menschen in der Zukunft auf anderen Planeten, nachdem die Erde durch Menschenhand unbewohnbar geworden war.

Vielleicht ist diese Alternative ja sogar realistisch.

In unserer Galaxis gibt es nach Schätzungen mindestens eine Milliarde Planeten und das Universum enthält 100 Milliarden Galaxien.[1]

Angesichts dieser Zahlen lässt die Wahrscheinlichkeitsrechnung kaum etwas anderes zu, als dass auch auf zahlreichen anderen Planeten Leben entstanden sein muss.

Laut WWF hat die Artenvielfalt seit den 1970er Jahren stark gelitten. Die Zahl der Säugetiere, Vögel, Reptilien und Fische hat sich seither im Schnitt halbiert, die Welt verliert <u>täglich</u> 380 Tier- und Pflanzenarten. Wir haben die Welt nachhaltig verändert. Beispielsweise haben wir heute an Stelle von Wölfen (lediglich noch 200.000) bis heute etwa 400.000.000 (400 Millionen) Hunde, anstelle von Löwen (noch 40.000) 600.000.000 (600 Millionen) Hauskatzen. 90% aller großen Tiere sind domestiziert. Diese Tiere leiden, da sie nicht nach ihren Bedürfnissen leben dürfen und in der Regel aus wirtschaftlichen Gründen schon kurz nach ihrer Geburt von den Muttertieren getrennt werden.[2] Auch der Mensch ist auf dem Weg, nur noch zu funktionieren und nicht nach seinen Bedürfnissen zu leben.

Der Mensch verursacht gerade das größte globale Artensterben seit dem Verschwinden der Dinosaurier.

Pflanzen- und Tierarten sterben aktuell 1.000-mal schneller aus als je zuvor.[3]

Im Mai 2017 berichtete die Deutsche Presseagentur (dpa) in Deutschland davon, dass die Zahl der Vögel in Deutschland dramatisch zurückgeht, bei einigen Arten um bis zu 50%. Kaum jemand hat von dieser Meldung Notiz genommen. Den meisten Zeitungen war sie höchstens eine Randnotiz wert.

Die Natur braucht 30.000 Jahre, um eine Spezies zu schaffen.

Wir Menschen schaffen ein Artensterben, das mehr als 100-mal schneller verläuft als die natürliche Rate und am Ende auch uns selbst treffen könnte.

Pflanzen und Tiere, die auch egoistisch betrachtet von großem Nutzen hätten sein können, sind trotzdem durch den menschlichen Einfluss verschwunden.

Der Mensch als die vermeintliche Krönung der Schöpfung ist auf dem besten Weg, zu ihrem größten Unglück zu werden.

Die Erde wird sich, wenn auch langsam, davon erholen.

Aus der Erdgeschichte weiß man, dass diese ungefähr zehn Millionen Jahre benötigt, um sich von vergleichbaren Katastrophen zu erholen.

Für den Menschen kommt diese Erholung jedoch dann viel zu spät.

Besonders deutlich wird das am Beispiel von Australien, das der Mensch erst vor 45.000 Jahren besiedelte, weil ihn das Meer davon abhielt.

Von den 24 Tierarten über 50 Kilogramm starben 23 nach der Besiedlung durch den Menschen innerhalb weniger tausend Jahre aus.

Noch aktueller ist die Besiedlung Neuseelands vor 800 Jahren.

Ein Großteil der Megafauna und 60% aller Vogelarten sind bereits innerhalb weniger Jahrhunderte danach dort ausgestorben.[4]

In Pakistan ist in dem vergleichbar kurzen Zeitraum seit dem 2. Weltkrieg nahezu der gesamte Waldbestand vernichtet worden.

Diese Liste ließe sich beliebig fortsetzen.

Auf den gleichen Einfluss ist das Aussterben der Mammuts, der Säbelzahnkatzen und Tausender anderer Arten zurückzuführen.

Noahs Arche ist klein geworden.

Schlimmer noch erscheint mir die Ausbreitung der Wüsten um ca. 50.000 Hektar pro Tag und der noch größere Verlust von fruchtbarem Boden bei gleichzeitig steigender Weltbevölkerung die somit eher mehr Fläche zum Leben benötigt.[5]

Das Artensterben sorgt dafür, dass sich der Großteil der menschlichen Nahrungsmittelproduktion auf wenige Tier- und Pflanzenarten beschränkt.

Störungen dieser Arten, z.B. durch Schädlinge, können daher katastrophale Auswirkungen haben.

Immer wieder lesen wir von Massenschlachtungen bei Vogelgrippe oder BSE (Rinderwahnsinn).

Seit Ende der 1960er Jahre verbraucht der Mensch mehr natürliche Ressourcen (Fischbestand, Holz, Vieh, landwirtschaftlich erzeugte Lebensmittel), als durch die natürliche Regeneration wieder ersetzt wird. Wir leben also vom Kapital, das in nicht allzu ferner Zukunft verbraucht sein wird.[6]

Der Mensch ist und bleibt ein biologisches Wesen, das den Gesetzen der Natur gehorchen muss. Wenn wir nicht lernen, im Einklang mit der Natur zu leben, wird die Menschheit zu den Arten gehören, die in nicht allzu ferner Zukunft zu den aussterbenden gehören wird.

Wie entwickelt sich der gefürchtete CO2-Ausstoß?

Ich bin weit davon entfernt, dieses Thema zu verharmlosen. Ich glaube aber, dass gerade mit der globalen Erwärmung viel Politik gemacht wird. Wenn es der Sache dient, erscheint es mir recht. Ich habe aber den Eindruck, dass viel Heuchelei dabei im Spiel ist. Wenn man wirklich etwas bewegen wollte, hätte es schon längst unzählige und auch umsetzbare Möglichkeiten gegeben.

Klimaänderungen hat es schon immer gegeben, besonders ist

allerdings die Geschwindigkeit, die wohl auch mit dem Einfluss des Menschen zusammenhängt, glaubt man den Wissenschaftlern, die sich diesbezüglich zu über 90% einig sind.

Es wird uns trotzdem nicht gelingen, das Wärmegleichgewicht der Erde entscheidend zu verändern, bevor die restlichen Rohstoffe aufgebraucht sind, dafür sind die Veränderungen im Vergleich zu historischen Klimaänderungen, die sich auf natürliche Weise abgespielt haben, viel zu gering. Das bedeutet nicht, dass wir unser Verhalten unverändert beibehalten sollten.

Nicht jeder Raucher bekommt schließlich auch Lungenkrebs oder stirbt vorzeitig, obwohl man sich einig ist, dass Rauchen der Gesundheit nicht dient.

Wenn man wirklich etwas für die Reduzierung der CO2-Werte tun wollte, gäbe es eine ganze Menge Möglichkeiten, über die kaum gesprochen wird.

Tatsächlich steigt der CO2-Ausstoß trotz aller Vereinbarungen und Konferenzen stetig. Leichte Rückgänge hat es nur kurzfristig während ungewollter Wirtschaftskrisen gegeben.

Der Markt, und nichts sonst, bestimmt wie in fast allen Bereichen, die Entwicklung der CO2-Werte.

Bereits eine Halbierung der Lebensmittel*abfälle* würde den CO2-Ausstoß in gleichem Maße verringern wie die Stilllegung von jedem zweiten Auto.[1]

Bei der Produktion von 1 Kilogramm Rindfleisch wird genauso viel CO2 ausgestoßen, wie von einem Auto auf 250 Kilometer freigesetzt werden.[2]

Deshalb sollte jeder, der Politikern zuhört, wachsam sein, wenn es um das Thema „CO2" geht.

Die Politik hat genügend Möglichkeiten, den CO2-Ausstoß zu reduzieren, lässt diese Möglichkeiten jedoch ungenutzt, was sie nicht davon abhält, bei ihnen genehmen Anlässen dieses Argument wieder vorzutragen, wie wir bei der Ungleichbehandlung von Vorschriften zur Energieeinsparung, und damit zur Reduzierung des CO2-Ausstoßes, bei Neu- und Altbauten anschaulich vorgeführt bekommen.

Während Neubauten mit überzogenen Auflagen belegt werden, die der Bauherr tragen muss, wenn er ein Gebäude errichtet, bleibt der Käufer eines Altbaus, wie schon dessen Vorbesitzer, von vergleichbaren Auflagen verschont.

Haben Sie schon einmal davon gehört, dass die Treibhauswirkung des Methangasausstoßes aus der industriellen Tierhaltung 21-mal so schädlich ist, wie der von CO2?[3]

Dass den Politiker nicht zu trauen ist, wenn es um den oft zitierten CO2-Austoß geht, wurde ja schon an anderer Stelle mehrfach beschrieben.

Wie sonst ist es beispielsweise zu erklären, dass die Luftfahrtbranche jährlich im zweistelligen Milliardenbereich subventioniert wird (wie immer, ohne das Volk vorher um deren Zustimmung gebeten zu haben), wo doch die in großer Höhe ausgestoßenen Schadstoffe 2,7-mal so schädlich sind wie auf der Erde?![4]

Damit nicht genug, sie wird auch massiv politisch unterstützt.

Wäre es der Politik mit der Reduzierung des CO2-Ausstoßes ernst, könnte sie beispielsweise auch dafür sorgen, dass unsere Straßen nicht durch LKW verstopft werden, die Waren aus der ganzen Welt aus den unnötigsten Gründen von A nach B transportieren.

Es gibt Beispiele, wo ein einfacher Joghurt, den es früher beim Milchladen an der Ecke, nur wenige Kilometer vom Erzeuger, zu kaufen gab, heute erst mehrere tausend Kilometer zurücklegen muss.

Ich frage mich manchmal, was man vor 50 Jahren so anders gemacht hat, dass LKW auf den Straßen fast eine Besonderheit waren.

Dazu kommen immer mehr Transporte, die nur damit beschäftigt sind, die im Internet bestellte Ware zu transportieren, im Zweifelsfall, bei Nichtgefallen, auch wieder zurück.

In den überwiegend überdimensionierten Privatfahrzeugen (Kleinwagen haben sinkende Absatzzahlen, SUV steigende), sitzt meistens nur eine Person.

Ich will niemandem vorschreiben, welches Auto er fährt.

Aber die Politik kann sehr wohl Einfluss nehmen, welche Autos gefahren werden, indem sie größere Autos empfindlich höher besteuert, weil sie die Gesellschaft insgesamt auch deutlich stärker belasten.

Das geht nicht von heute auf morgen, aber es geht, auch ohne entscheidende Stimmenverluste, bei der nächsten Wahl.

Man muss diesen Wandel in kleinen, aber zielgerichteten und konsequenten Schritten herbeiführen.

Dabei geht es nicht ausschließlich um den Verbrauch oder die ausgestoßenen Schadstoffe. Ein größeres Auto verbraucht auch mehr Energie bei der Produktion, mehr Rohstoffe, die dringend für andere Produkte benötigt würden.

Ganz nebenbei verursacht ein LKW auf unseren Straßen genauso viel Schäden wie 60.000 PKW mit allen Folgekosten und -maßnahmen, die sicher noch einmal erheblich zum CO2-Ausstoß beitragen.[5]

Aber CO2 ist nicht der einzige Schadstoff, der in unsere Luft gelangt, ohne dass ernsthaft etwas unternommen würde.

Der Einsatz von Unmengen Industriedünger lassen gewaltige Mengen an Lachgas entstehen, dessen Wirksamkeit am Treibhauseffekt sogar noch 295-mal größer ist als der von Kohlendioxid.[6]

Daran ändern auch die vor allen Dingen in den USA gepriesenen genveränderten Lebensmittel nichts.

Zwar ist der Verbrauch von Insektiziden vor allem bei genveränderem Mais und Baumwolle stark zurückgegangen, dafür hat der Einsatz von Herbiziden stark zugenommen, weil viele Unkräuter inzwischen resistent geworden sind.

Die Hoffnung, mit Forschung und Technik alle Probleme lösen zu können, wird sich als falsch erweisen.

Leider ist es dann häufig schon zu spät, um angemessen reagieren zu können.

Aktuell beträgt der CO2-Ausstoß jährlich etwa 36.000.000 (36 Millionen) Tonnen und wächst weiter, jährlich um 2%. Wohlgemerkt: er wächst, dabei reden doch alle von Reduzierung.

Er hat sich allein in den letzten 35 Jahren trotz aller Erkenntnisse über seine schädlichen Wirkungen verdoppelt.

Ich kann mich noch gut daran erinnern, dass in unseren Vorlesungssälen bereits Anfang der 80er Jahre an den Ausgängen stand: „Wir sparen Strom, der Letzte macht das Licht aus". Seitdem hat sich wenig getan. Ich laufe im Winter mehrmals am Tag durch unser Haus und lösche an verschiedenen Stellen das unnötig brennende Licht. Meine mahnenden Worte an die nachfolgende Generation unserer Kinder stoßen dabei auf Unverständnis und werden als unnötige Belästigung empfunden.

Die USA sind der größte Sünder, was den Ausstoß von CO2 angeht. 2013 betrug er 17,4 Tonnen pro Kopf.

Dies ist weit entfernt von den angestrebten 1,5 Tonnen, die die G7-Staaten als Ziel bis 2050 vereinbart haben.

Chinas Anteil am weltweiten CO2-Austoß beträgt 27,6%.

Bei einem Anteil von 6,4 Tonnen pro Kopf liegt er aber noch weit hinter dem der USA.

Noch größer ist der Abstand zu Indien mit 1,9 Tonnen pro Kopf.

Gar nicht auszudenken, welchen Mengen an CO2 zusammenkommen

könnten, wenn diese Länder ihren Rückstand gegenüber den entwickelten Industriestaaten einmal aufholen sollten.[7]

Große Teile des CO2 sind aber auch von den Weltmeeren aufgenommen worden.

Das Meer wird langsam saurer. Teile der oberen Wasserschichten enthalten bis zu 30% mehr Säure als vor der Industrialisierung.

Die Geschwindigkeit, mit der diese Prozesse fortschreiten, lässt eine Anpassung der Lebensform nur bedingt zu und führt beispielsweise zu Schäden an den Organen.[8]

Die Vereinigten Staaten sind allein für rund 30% der Treibhausgasemissionen verantwortlich und sind nach wie vor ungestraft nicht bereit, daran grundsätzlich etwas zu ändern. In keinem Land verbrauchen Menschen pro Kopf so viel Energie.[9]

Können wir die Entstehung von Müll deutlich reduzieren?

Eindeutig ja. Müll ist selbst in unserer modernen Welt annähernd zu 100% vermeidbar, wenn man Recyclingmöglichkeiten berücksichtigt bzw. zur Bedingung für ein Produkt macht.

Wir produzieren viel zu viel Kunststoff für unnötige Verwendungszwecke, z.B. Verpackungen, die sich durch andere Produkte, z.B. Papier, ersetzen ließen, und das aus einem begrenzt verfügbaren Rohstoff, nämlich überwiegend aus Erdöl, der dringend für andere Zwecke zurückbehalten werden sollte.

Noch besser wäre es, weitgehend auf Verpackungen zu verzichten.

Die Autorin Shia Su beschreibt in ihrem Buch „Zero Waste", wie sie sich auch in Deutschland leben lässt, ohne Müll zu produzieren. Dabei muss man auf nichts verzichten und spart sogar noch Geld.

Müll ist niemals nachhaltig.

Noch vor 100 Jahren, also zu Lebzeiten unserer Großeltern, war es völlig normal, so gut wie gar keinen Müll zu erzeugen. Niemand hatte damit ein Problem und dachte darüber nach, etwas daran zu ändern.

Müll lässt sich auch vermeiden, wenn man bestehende Dinge länger benutzt als üblich, sie repariert, wenn sie beschädigt sind, Kleidung im Secondhandshop kauft oder weiterverarbeitet.

Um 1 Kilogramm Baumwolle zu ernten, werden 21.000 Liter Wasser benötigt.[1]

Allein in Deutschland werden jährlich 5,3 Milliarden Plastiktüten verbraucht. Das sind 10.000 Stück pro Minute.[2]

Alle Nationen sollten sich Notfallspeicher aus Rohöl anlegen, aus denen sie sich dann für dringend benötigte Produkte bedienen könnten.

Alternativen aus nachwachsenden Rohstoffen weisen häufig nicht die gewünschten Eigenschaften auf.

Stattdessen schaffen wir uns riesige Müllberge aus wertvollem Rohstoff.

Die Erde ließe sich schon sechsmal in den Kunststoff einpacken, den wir in den vergangenen 100 Jahren produziert haben.[3]

Im nordöstlichen Pazifik treibt eine Plastikinsel, die jetzt schon achtmal so groß ist wie Deutschland.

Diese stammt, so haben Wissenschaftler in Ostdeutschland ermittelt, überwiegend aus den Zuflüssen der Meere. Dorthin wiederum gelangt der Müll über Bäche aus den Städten und Gemeinden, durch den Wind, von Baustellen oder einfach nur aus achtlos weggeworfenem Verpackungsmüll. Diese Teile werden im Meer durch UV-Licht und Wellenbewegungen immer weiter zerkleinert. Man hat unbewohnte Inseln entdeckt, deren Strände völlig vermüllt sind.

Wenn man einfach nur mal an Autobahnabfahrten aus dem Fenster sieht, entdeckt man entlang der Abfahrten Unmengen von schnell und bequem entsorgtem Müll.

Alle Industrienationen der Welt, die wesentlich an der Erzeugung der Kunststoffe beteiligt sind, sollten sich an einer großen Müllsammelaktion im Pazifik beteiligen, um den Plastikmüll soweit möglich wieder einzusammeln, bevor er sich immer weiter zersetzt und weiter in immer größeren Mengen und mit unabsehbaren Folgen in den Tierkreislauf gelangt.

Die Staaten sollten ihrerseits die Hersteller dabei zur Verantwortung ziehen.

Müllentsorgung an Autobahnabfahrten oder ähnlich dreiste Methoden müssten hart bestraft werden.

Vor allen Dingen aber sollten die Staaten Verpackungen aus Kunststoff überall dort untersagen, wo er nicht zwingend benötigen wird. Dies ist in einer immer stärker global arbeitenden Wirtschaft zwar ein fast aussichtsloses Unterfangen, sollte aber trotzdem in Angriff genommen werden.

Allein so könnten riesige Mengen Öl gespart und Müll vermieden werden.

Die jährlich in Deutschland für die Herstellung von Kunststoffverpackungen benötigte Menge an Rohöl entspricht der Menge, die 2010 bei der Deepwater-Horizon-Katastrophe in den Golf von Mexiko gelangte. Das sind 4,9 Millionen Barrel.[4]

Darüber hat sich die ganze Welt erregt, über den Umweg durch den Plastikmüll in den Pazifik spricht jedoch fast niemand.

In Deutschland sortieren wir eifrig und relativ gewissenhaft unseren Müll in den verschiedenen Tonnen bzw. Säcken.

Allerdings werden nur 40% der in den gelben Tonnen landenden Kunststoffverpackungen wirklich recycelt. Auch dies ist verbesserungsbedürftig.[5]

Nichtrecycelbare Kunststoffe müssen vermieden und durch andere Produkte ersetzt werden.

Der Rohstoffmangel führt dazu, dass man inzwischen darüber nachdenkt, Mülldeponien wieder zu öffnen, um an die dort lagernden Rohstoffe zu gelangen.

Wie verändert sich unser Klima?

Das Klima der Erde steht auch ohne den Einfluss des Menschen nie still. Wie es sich langfristig selbständig weiterentwickelt, kann niemand seriös vorhersagen und das ist auch gut so, denn dann würde man es möglicherweise auch versuchen zu beeinflussen. Das wäre möglicherweise das größte anzunehmende Unglück für uns alle. Damit meine ich nicht die Reduzierung von Schadstoffen in der Luft, die durch den Menschen entstanden sind, sondern den unmittelbaren Einfluss auf die natürliche Klimaentwicklung.

Unsere Erde hat sich immer wieder erwärmt und abgekühlt, etwa alle 100.000 Jahre kam es zu einer Eiszeit.

Die letzte Eiszeit begann vor rund 75.000 Jahren endete erst vor 15.000 Jahren, also in Zeiten, als die Menschen bereits eifrig dabei waren, die Erde weiträumig zu besiedeln. Damals stieg die Temperatur auch in sehr kurzer Zeit um 15°C, um dann 1.000 Jahre später wieder deutlich abzukühlen.

9.600 v. Chr. stiegen die Temperaturen sogar in einem Jahrzehnt um 7°C.[1]

Unabhängig davon, ob die Erderwärmung nun durch den Menschen beschleunigt wird (und da sind sich ja fast alle Wissenschaftler einig) oder nicht, sie ist nicht zu leugnen. Allein in den letzten 35 Jahren schrumpfte das sommerliche Meereis um rund 40%.[2]

Dies hat erhebliche Auswirkungen auf die Versorgung der Menschen, da der für die Ernährung lebensnotwendige Weizen temperaturempfindlich ist.

Bei jedem Anstieg der Temperaturen um 1°C sinken die Weizenerträge in den heißeren Gebieten der Erde, wo die Versorgung ohnehin schon schlechter ist als in den gemäßigten Teilen der Erde, um weitere 10%.

Bereits heute hungern 1.000.000.000 (1 Milliarde) Menschen auf der Welt.

Anstatt jedoch Forschungsgelder in die Weizenproduktion, die wichtigste Nutzpflanze der Menschen, zu stecken, wird fünfmal so viel in die Maisproduktion investiert, weil mit Mais mehr Profit gemacht wird.

Maissamen müssen von den Bauern gekauft werden, während beim Weizen der eigene Samen verwendet werden kann.[3]

Die Klimaerwärmung ist auch Schuld an den zunehmenden Starkregenereignissen, da warme Luftmassen mehr Feuchtigkeit aufnehmen können.

Die Wahrscheinlichkeit für ein *Jahrhunderthochwasser* hat sich verdreifacht.

Da die Menge an Niederschlag insgesamt aber nicht zunimmt, muss es folglich neben den regenreichen Unwettern auch zu längeren Trockenzeiten kommen.[4]

Längere Dürreperioden wirken sich zweifellos nachteilig auf die Erzeugung von Nahrungsmitteln aus.

Die zunehmende Hitze hat zur Folge, dass immer mehr Klimaanlagen benötigt werden, die den Energieverbrauch weiter erhöhen.

Der in den letzten Jahren bei uns feststellbare Trend, wieder in der Stadt zu wohnen, führt dort zu einer Verdichtung des Wohnraumes und damit im Sommer zu einem abnehmenden Abtransport der

Wärme.

Auch der Klimawandel führt zu einem erhöhten Artensterben. Dass ganze Ökosysteme vereinzelt zusammenbrechen, wenn eine Art ausstirbt, gibt großen Anlass zu Besorgnis.

Die Abholzung von Urwald im Amazonas auf einer Fläche, die größer ist als Deutschland, verstärkt den Klimawandel.

In Indonesien werden noch immer jährlich 20.000 Quadratkilometer Wald abgeholzt.[5] Dies entspricht der Größe des Krüger-Nationalparks und ist nur wenig kleiner als die Fläche Israels.

Dabei gibt es längst alternative Methoden haltbare Hölzer, ohne die Abholzung der Tropenwälder zu erzeugen.

Seit 1950 sind nach Schätzungen fast 50% des Regenwaldes abgeholzt worden.

In diesen Urwäldern gibt es im Gegensatz zu den von Menschen angepflanzten Beständen so gut wie keine Schädlinge.

Dies gilt auch für von Menschen angelegte Felder, von denen kaum eines über mehrere Wochen überleben könnte, wenn sie nicht ständig durch Pflege und Einsatz von Hilfsmitteln erhalten würden.

Die Eisfläche der Arktis liegt rund 3.100.000 Quadratkilometer unter den normalen Werten. Dies entspricht einer Fläche von großen Teilen Europas.[6]

Auch die Antarktis hat zwischen 1992 und 2001 jährlich im Mittel 71 Milliarden Tonnen Eis verloren.[7]

Die Schmelze der Gletscher lässt den Meeresspiegel um ca. zwölf Zentimeter ansteigen. Allein bis zum Ende dieses Jahrhunderts rechnet man mit einem Rückgang der Eismasse an Land um 21%.[8]

Der Rückgang der Gletscher führt aber auch zur Austrocknung von Flüssen.

Nach Schätzungen der UNEP könnten allein davon bis zu 350 Millionen Menschen unmittelbar betroffen sein, und dies in Ländern

wie Indien und China, die ohnehin schon Sorge haben, ihre
Bevölkerung ausreichend versorgen zu können.

Die bei der Schmelze entstehenden Gletscherseen erhöhen außerdem die Gefahr von Schlamm- und Gerölllawinen, wenn die natürlichen Staudämme diesen Seen nicht mehr standhalten.

Sind Werte unsere Rettung?

Ohne Werte wird die Menschheit auf keinen Fall überleben. Wir
unterscheiden uns vom Tier dadurch, dass wir uns eine Vorstellung
über die Folgen unseres Handelns machen können. Wenn diese
Handlungen nur noch den Sinn haben, uns persönlich zu nutzen,
kommt alles aus der Balance. Die Frage ist, wie es uns gelingt, allgemeingültige Werte zu vereinbaren. In der zurückliegenden Zeit
haben diese Aufgabe überwiegend die Religionen übernommen. Zu
häufig nicht immer zum Nutzen aller, aber doch mit einer gewissen
Beständigkeit. Diese geht zunehmend verloren. Die Suche nach
Alternativen ist noch nicht besonders erfolgreich. Entscheidend wird
sein, ob und wie nachhaltig wir danach suchen.

Brauchen wir Religionen?

Solange wir keine Alternativen gefunden haben, erscheinen mir
Religionen nach wie vor als die sinnvollste Option für den Erhalt der
Werte zu sorgen. Den Kirchen wächst eine immer größere Verantwortung zu, der sie leider immer seltener gerecht werden. Deshalb
brauchen sie Unterstützung aus allen Bereichen.

Umweltverschmutzung und Klimawandel, Abfall und Wegwerfkultur, der Verlust der biologischen Vielfalt, Verschlechterung der Lebensqualität und sozialer Niedergang sind Themen der Umweltenzyklika von Papst Franziskus. Dies sind hochaktuelle Themen, die zunächst vordergründig gar nichts mit dem katholischen Glauben zu tun haben.

Kraft oder Schwäche von Religionen bzw. anderer, werteorientierter Einrichtungen, die an ihre Stelle treten, werden unsere Zukunft entscheidend beeinflussen, wenn nicht sogar bestimmen.

Politik ist zu einem Reparaturbetrieb geschrumpft. Sie hat der kommerziellen Macht kaum noch etwas entgegenzusetzen.

Die Religionen sind in der Verantwortung (den gesellschaftlichen Werteverfall aufzuhalten, Anmerkung des Autors), meinte einst Altbundeskanzler Helmut Schmidt in seinem gleichnamigen Buch.

Der Mensch hat seit ewigen Zeiten das Bedürfnis nach einer über dem Menschen stehenden Macht, die seinem Leben einen Sinn über sein zeitlich begrenztes, menschliches Dasein hinaus vermittelt, die als Erklärung für Phänomene dient, die ihm nicht erklärbar scheinen und die Werte und Normen definiert, die ihm zur Orientierung dienen.

Auch Agnostiker schließen die Existenz einer höheren Macht, die das Fassungsvermögen des menschlichen Geistes übersteigt, nicht aus, halten sogar, wie Friedrich von Hayek, ein österreichischer Ökonom und Sozialphilosoph (1899-1992), den Glauben für die einzige wirksame Instanz, ein moralisches Leben zu führen.

Der Schriftsteller Heinrich Böll (1917-1985) hat gesagt: „Selbst die allerschlechteste christliche Welt würde ich der besten heidnischen vorziehen."[1]

Glauben bedeutet, etwas als wahr anzunehmen, von dem man nicht weiß, ob es so ist.

Der Atheist, der von einer gottlosen Welt überzeugt ist, ist eigentlich schon wieder ein Gläubiger, denn die Nichtexistenz einer höheren Macht kann er ebenso wenig beweisen wie ein Gottgläubiger. Auch nicht zu glauben ist eine Glaubenshaltung.

Religionen definiert der Kulturanthropologe Geertz als ein Symbolsystem, das darauf abzielt, starke, dauerhafte Stimmungen und Motivation bei Menschen zu schaffen, indem es Vorstellungen der Seinsordnung formuliert und diesen die Aura der Faktizität gibt.[2]

Die Geschichte kennt keine menschliche Gesellschaft, in der es nicht irgendeinen religiösen Kult gegeben hat. Es ist daher schwer vorstellbar, dass eine dringend benötigte neue Kultur ohne Religion möglich wird.

Unsere Generation ist die erste, die, insbesondere in der westlichen Zivilisation, glaubt, ohne eine religiöse Überzeugung auskommen zu können.

Hans Küng (geb. 19.3.1928 in Sursee, ein Schweizer Theologe und römisch-katholischer Priester, von 1960 bis zu seiner Emeritierung im Jahr 1996 war er Theologie-Professor an der Eberhard-Karls-Universität in Tübingen) will sie durch ein Weltethos ersetzen bzw. ergänzen. Seine Versuche blieben jedoch bisher weitgehend ohne durchschlagenden Erfolg.

Tatsächlich hat der Mensch seit jeher die Sehnsucht, in einer höheren Ordnung aufgehoben zu sein. Die Angebote, dieser Sehnsucht zu entsprechen, könnten sehr gefährlich werden.

Wie leicht die Menschen einem vermeintlichen Führer hinterherlaufen, hat die letzte US-Präsidentenwahl eindrucksvoll gezeigt. Die Folgen bleiben abzuwarten.

Religionen motivierten Menschen in großen Gruppen und über große Zeiträume, die häufig mehrere Menschenleben umfassten, zu kaum vorstellbaren Leistungen, die sich heute noch in Form von prächtigen

Kirchen bewundern lassen. Atheisten beklagen, dass diese Leistungen scheinbar sinnlos fiktiven Wesen gegolten haben, statt das reale Leben zu verbessern.

Möglicherweise veranlassten die langen Bauzeiten dieser Bauwerke die Gläubigen auch dazu, sich sesshaft zu machen.

Viele Normen und Gesetze haben also ihren Ursprung in den Glaubensvorstellungen der verschiedenen Gemeinschaften entwickelt, in denen sich die Menschen zusammenschlossen.

Diesem Bedürfnis nach Orientierung und Hilfestellung sind Religionen über den längsten Zeitraum der Menschheitsgeschichte mit ihren Angeboten mal besser, mal schlechter gerecht geworden.

Viele ihrer Vertreter haben diese Sehnsucht für eigene Machtansprüche missbraucht, die im krassen Widerspruch zu ihren eigentlichen Zielen stehen.

Andere haben aus ehrenwerten Motiven wahre Hilfe angeboten.

So sind beispielsweise schon in den Jahren 330-379 in christlichen Gemeinden Krankenhäuser für Arme errichtet worden.[3] Krankenhäuser, Schulen, Kindergärten und -krippen werden auch heute noch von den christlichen Kirchen gefördert, stehen allerdings gerade in westlichen Ländern nicht selten eher den sozial besser gestellten Gemeindemitgliedern offen.

Papst Franziskus mahnt zu Recht mehr Bescheidenheit an.

Es gibt auch Stimmen, die meinen, dass die christliche Grundhaltung, zu *glauben* statt zu *prüfen*, unsere Bildung negativ beeinflusst hat. Diese Gefahr besteht grundsätzlich bei den meisten Religionen. Die Tatsache, dass es eben nicht möglich ist, zu *wissen*, eröffnet aber eben auch Möglichkeiten der Manipulation. Noch heute erwarten religiöse Führer von den Gläubigen, dass sie sich weitgehend bedingungslos an die *von Gott gegebenen Regeln* halten. Dies ist für moderne, aufgeklärte Menschen immer häufiger eine

Zumutung.

Schon heute gibt es selbst unter den verbleibenden Mitgliedern zahlreiche Unterschiede. Diesen sollte die Kirche Angebote machen, die ihnen einen Verbleib in der Glaubensgemeinschaft erleichtern.

Zur religiösen Bildung gehören heute die Diskussion, auch Streit, eigene Gedanken und Erfahrungen.

Mit Beginn der Wissenschaften vor rund 500 Jahren wurden für viele Fragen Antworten gefunden, die wichtigsten durch Charles Darwin mit der Evolutionstheorie, in der die Entstehung und Veränderung der Arten als Ergebnis eines andauernden Entwicklungsprozesses im Laufe der Geschichte stattgefunden hat.

Viele Ereignisse, die vorher nicht erklärbar waren und bei denen man deshalb nach Erklärungen außerhalb des logischen Denkens suchte, ließen keine mystischen Gedanken mehr zu.

Aber auch die Wissenschaft ist nicht in der Lage, die moralischen Urteile von Religionen zu widerlegen. Religion bleibt Moral, nicht mehr, aber auch nicht weniger, und ist damit in seiner Notwendigkeit nur schwer zu ersetzen. Bisher ist es nur Religionen gelungen, die Gesellschaftsordnung im großen Maßstab aufrecht zu erhalten.[4]

Der zunehmende Verlust dieser Ordnung und die teilweise verzweifelte Suche nach einem Ersatz für den Sinn des Lebens führen zu maßloser Sucht nach Vergnügen oder Gewalt.

Nachdem Luther die Bibel ins Deutsche übersetzt hat, begannen die Menschen, die Bibel mehr und mehr zu hinterfragen.

Zwar ist weitgehend unstrittig, dass Jesus gelebt hat, aber das, was man zuverlässig über ihn weiß, lässt sich in wenigen Zeilen zusammenfassen.

Dafür ranken sich viele Mythen um seine Person.

So glauben einige Wissenschaftler, dass er an Schläfenlappenepilepsie gelitten hat, einer Krankheit, bei der es zu mystischen

Erlebnissen kommen kann, die die Grenzen zwischen dem Betroffenen und dem Kosmos verschwinden lassen und ihm eine besondere Wahrnehmung der Wirklichkeit ermöglichen.

Fachleute geben heute zu, dass die Evangelien als historischen Dokumente und Beweise nicht zuverlässig sind.

Alle wurden erst nach dem Tod Jesu verfasst. Viele der Geschichten in der Bibel, die von zahlreichen anonymen Autoren über Jahrhunderte verfasst, mehrmals umgearbeitet, übersetzt und verfälscht wurden, stammen aus anderen Religionen, die es im Mittelmeerraum und im Nahen Osten bereits gab.[5]

Sucht man jedoch in historischen Dokumenten, stellt man fest, dass Jesus dort praktisch nicht vorkommt.

In der Bibel steht, wie sich die Menschen Gott vorstellen, nicht umgekehrt.

Schon 180 n. Chr. gab es Kritiker, die das Christentum bekämpften, wie den antiken Philosophen Celsus (auch „Kelsos"). Er verfasste die älteste bekannte Streitschrift gegen das Christentum, über das er viel Detailwissen besaß. Unter der *wahren Lehre* versteht Kelsos ein anfängliches, den ältesten Völkern und insbesondere deren Lehrern ursprünglich gemeinsames religiös-philosophisches Wissen. Den Juden und den Christen wirft Kelsos vor, sie seien aus Geltungssucht von der gemeinsamen Urweisheit der Völker abgewichen und hätten Lehren eingeführt, die nichts wirklich Neues seien, sondern nur aus mangelhaftem Verständnis hervorgegangene Verfälschungen des alten gemeinsamen Wissens der Weisen. Dadurch hätten sie die ursprüngliche Eintracht gestört und Zwietracht gesät. Er wies darauf hin, dass die Wunder, die Jesu verbracht haben sollte, sehr denen der Zauberer ähnelten, die zu der Zeit übers Land zogen.

Die Kirche begann sich zu wehren. So erließ der Papst Pius X. 1904 zwei Enzykliken, die sich gegen die Erforschung der Ursprünge des

Christentums und seiner Frühgeschichte richteten.

Katholische Lehrer und Schriftsteller, die in andere Richtungen dachten, wurden ihrer Ämter enthoben bzw. exkommuniziert, z.T. untersagte man den Studenten sogar, Zeitung zu lesen.

Sie erklärten, je nach Wissensstand, Teile der Bibel zu Symbolen, die nicht wörtlich zu nehmen seien.

Noch 1979 entzog Papst Johannes Paul II. Hans Küng die kirchliche Lehrerlaubnis, weil er ihm offensichtlich zu kritisch war.

Dem Papst, so empfand es Küng, ging es nicht um Dialog, sondern um Unterwerfung. Große Teile der katholischen Kirche hadern auch mit dem aktuellen Papst Franziskus, gerade weil er auf Personenkult verzichtet.

Die katholische Kirche hat ihre Rolle für die Zukunft noch nicht gefunden, oft genug zweifelt man, ob sie überhaupt offen auf der Suche danach ist.

Kirchenkritiker wie Richard Dawkins kritisieren den Glauben deshalb, weil seine Macht darin besteht, dass er keiner rationalen Begründung bedarf.

Sie verurteilen auch immer wieder, dass Mitglieder der Kirche sich, wie zahlreiche Juden in den USA, in die Politik einmischen.

Heute gibt es sehr unterschiedliche Formen von Glauben. Die Deisten glauben an eine übernatürliche Intelligenz, die das Universum erschaffen hat und Regeln aufstellt, denen das Universum unterliegt.

Die Theisten glauben, dass diese Intelligenz ihr Schicksal auch weiter beaufsichtigt und beeinflusst.

Die Pantheisten benutzen das Wort „Gott" heute nur noch als Synonym für das Universum und die Gesetzmäßigkeiten, nach denen es funktioniert.

Dabei sind auch in modernen Zeiten der Wissenschaft viele Fragen offengeblieben, die genügend Spielraum für Glauben lassen.

Wie wir heute wissen, gibt es außerhalb unserer Wahrnehmung Klänge, die wir nicht hören können, und Licht, das wir nicht sehen können. Warum also soll es nicht auch in anderen Bereichen Möglichkeiten geben, die außerhalb unserer Vorstellungskraft liegen?

Biologen können immer noch nicht erklären, wie das Bewusstsein im Gehirn entsteht.

Physiker können nicht erklären, wie es zum Urknall kam.

Die Rätsel von der Entstehung des Lebens sind von den Biologen auch immer noch nicht gelöst.

Allein diese drei Tatsachen lassen genug Raum für den Glauben an eine höhere Macht. Aber auch in der weiteren Weltgeschichte ist vieles, wie unsere Wissenschaftler inzwischen festgestellt haben, von sehr speziellen Entwicklungen abhängig gewesen, bei denen schon kleinste Abweichungen eine völlig andere Welt zur Folge gehabt hätten, dass man bei der Fülle an besonderen Bedingungen kaum an Zufall glauben mag.

Der Physiker Max Born (1882-1970) hat einmal in einem Vortrag gesagt: „Der Glaube an eine absolute Wahrheit und der Anspruch im Besitz derselben zu sein, sind die Wurzel allen Übels dieser Welt." Kurz gesagt: Wir sollten uns nicht anmaßen, alles zu wissen.

Mit der Baesschen Statistik, einem aufwendigen aber anerkannten Verfahren, wurde die Wahrscheinlichkeit der Existenz Gottes mit 67% pro Gott berechnet.[6]

Durch den Buchdruck, die zunehmende Bildung und später durch weitere Medien verloren die Religionen, insbesondere im Westen, zunehmend an Bedeutung und Einfluss. Die verschiedenen Kirchen verlieren in diesen Ländern stetig an Mitgliedern.

Auch in Israel ist die Mehrheit säkular, also verweltlicht und kirchenunabhängig.

Im Kommunismus nahm die Politik Einfluss auf die Religionen und verdrängte sie aus dem Alltag der Menschen.

Im Westen war es eher der zunehmende Wohlstand, der die Interessen der Menschen auf andere Themen lenkte.

Diese Entwicklung ist gefährlicher, als man zunächst glaubt. So besteht die Gefahr, dass sich die Menschen, die sich von der Kirche abwenden, andere anscheinend überlebensgroße Ziele suchen.

Es können harmlose Ziele sein, wie sie beispielsweise Extremsportler und Abenteurer suchen. Anderen reichen kommerzielle Errungenschaften, wie ein großes Haus, ein besonderes Auto oder eine Weltreise.

Es können aber auch politische Führer sein.

Die beiden Menschen, die zum größten Unglück der Menschheit im letzten Jahrhundert wurden, Adolf Hitler und Josef Stalin, waren Atheisten.

Diese Gefahr haben auch schon die beiden deutschen Philosophen Kant (1724-1804) und Hegel (1770-1831) gesehen.

Für Kant, der die Menschen auf einen weltbesten Endzweck verpflichten wollte, war dieser ohne Gott nicht vorstellbar.[7]

Viele Menschen glauben, Religion durch andere, scheinbare Werte ersetzen zu können, durch Geld, Macht, Ansehen, Sex, Alkohol oder Drogen.

Abgesehen davon, dass es sich dabei nicht um Werte im herkömmlichen Sinne handelt, gelingt dies meist nur für eine begrenzte Zeit.

Die wesentlichen Werte unserer Gesellschaft entstammen den Religionen. Dies ist eine sehr bemerkenswerte Feststellung, lässt sie doch den Schluss zu, dass ohne Religionen ethische Defizite nicht auszuschließen sind.

Wenn die Religionen weiter an Einfluss verlieren, wird Moral beliebig, und die Grenzen von Gesetz und Anstand lassen sich beliebig verschieben.

Für Hitler und Stalin gab es keine höhere Macht, die ihnen Einhalt gebot.

Dass Menschen ohne Moral zu allem bereit sind, hat die Geschichte immer wieder gezeigt. In einer solchen Welt wird es zu weiteren Verschärfungen der sozialen Unterschiede kommen, die Konflikte darüber und die Ausbeutung der Erde werden rücksichtsloser und schneller zunehmen.

Gleichzeitig rücken verbleibende religiöse Gemeinschaften enger zusammen und drohen sich vereinzelt zu radikalisieren. Die Folgen solcher Entwicklungen bedrohen ganz aktuell unser tägliches Leben, wenn auch nicht in dem Ausmaß, wie uns die Medien glaubhaft machen wollen, für den Einzelnen jedoch sehr real.

Glauben hat in Deutschland heute viel mit der Herkunft und dem Alter zu tun.

In Ostdeutschland z.B. verminderte sich die Zahl der Kirchenmitglieder in Zeiten des Sozialismus unter anderem aufgrund der atheistischen Bildungs- und Religionspolitik des Staates.

Dieser versuchte, mit Repressionen den Einfluss der Kirche zurückzudrängen.

Dies ist ihm in großen Teilen gelungen und wirkt sich bis heute aus. Junge Leute wachsen unter zunehmendem Einfluss der Medien auf, die wenig Raum für religiöse Werte lassen. Die Erkenntnisse der Wissenschaft sorgen für Aufklärung und stellen gewollt oder ungewollt zahlreiche Positionen der Kirche in Frage. Die Kirche hat es versäumt oder abgelehnt, mit dieser Entwicklung Schritt zu halten.

Der Mensch ist Egoist.

Nach dem Darwinschen Prinzip haben immer nur die Geeignetsten überlebt.

Dazu bedarf es eines Strebens nach Macht.

Diesem Streben sind Grenzen zu setzen. Der Mensch braucht in der Gemeinschaft mit seinen Artgenossen, ohne die er nicht überleben kann, Werte und Normen, moralische Maxime, verpflichtende Maßstäbe. Dies ist in der modernen Welt in vielen Bereichen verloren gegangen. Als Folge davon stellt sich eine Rat- und Sinnlosigkeit ein, der Mensch ist unzufrieden.

Ein sinnvolles Leben hat die Menschen immer schon zufriedener gemacht als ein nur angenehmes.

Untersuchungen in Amerika haben gezeigt, dass religiöse Menschen nicht nur mehr Kinder haben und länger leben als nichtreligiöse, sondern sich auch subjektiv als glücklicher empfinden.

Wie könnten Ansätze aussehen, nach denen sich die Religionen weiterentwickeln?

Diese Frage stelle ich bewusst nicht ausschließlich an die geistlichen Führer, sondern an die gesamte Gemeinschaft gläubiger Menschen. Die Aufgabe ist so bedeutend, dass alle sich fragen sollten, wie wir den Glauben lebendig halten können, damit die damit verbundenen Werte nicht verloren gehen. Alle übrigen sind aufgerufen, bewusst zum Nutzen aller nach Alternativen zu suchen, die das gleiche Ziel verfolgen.

Jesus war Jude.

Die drei monotheistischen Religionen, das Christentum, das Judentum und der Islam, haben die gleichen geschichtlichen Wurzeln.

Der Erfolg des Christentums war Vorbild für andere monotheistische Religionen, wie den im 7. Jahrhundert aufkommenden Islam.

Es sollte daher möglich sein, eine Übereinkunft zu treffen, die es möglich macht, dass alle drei Religionen nebeneinander in Frieden bestehen können.

Die Lösung jeder Form von strittigen Fragen beginnt mit dem Verständnis für die andere Seite. So ist auch die Öffnung der Religionen untereinander die Voraussetzung für ein friedliches Miteinander.

Ansätze dazu gibt es schon seit Jahrzehnten. Bereits 1993 wurde ein Parlament der Weltreligionen in Chicago zusammengerufen, das sich in einer *Erklärung zum Weltethos* auf unverrückbare Weisungen verständigt hat.

Schwierig macht eine Übereinkunft, dass es unterhalb der jeweiligen Religionen unterschiedliche Auslegungen gibt, die zum Teil erheblich voneinander abweichen, auch wenn sie sich häufig auf dieselben Ursprünge und Quellen berufen.

Da es sich bei Glaubensfragen eben nicht um unumstößliche Tatsachen handelt, die man zweifelsfrei klären kann, kommt es zu unterschiedlichen Interpretationen.

Es wird aktuell sehr darauf ankommen, die Absichten der unterschiedlichen Strömungen im Islam zu erkennen und entsprechend zu behandeln.

Auch im christlichen Glauben scheint es notwendig, dass die verschiedenen Richtungen zusammengeführt werden. Protestanten und Katholiken stagnieren schon zu lange in Fragen der Ökumene.

Geltende Gesetze müssen von allen Menschen gleichermaßen angewendet werden.

Dabei sollten die fortschrittlichen Länder nicht überheblich sein, sondern als Vorbild dienen.

Falsche Rücksichtnahme jedoch, wie sie sich beispielsweise durch die Fehler der jüngeren, verhängnisvollen deutschen Geschichte immer wieder ergibt, ist dabei eher schädlich als hilfreich.

Die führenden Religionen fühlen sich dem Gebot des Friedens verpflichtet.

Dies wird hinsichtlich des Islams zunehmend infrage gestellt.

Teile der Muslime verachten unsere Gesellschaft, weil sie sich scheinbar oder tatsächlich dem Materialismus zuwendet und ihren Halt nur noch in beliebig veränderbaren, strafrechtlichen Normen anstatt in kulturellen Leitbildern sucht.

Durch die einseitige Berichterstattung der Medien verhärtet sich der Eindruck zunehmender Gewaltbereitschaft.

Fakt ist jedoch, dass die Mehrheit der Muslime in der Welt versucht, sich mit den übrigen Religionen zu arrangieren.

Jürgen Todenhöfer, ehemaliger CDU-Bundestagsabgeordneter, der seit über 50 Jahren in aller Welt unterwegs ist, berichtet, dass er nirgendwo so viel Menschlichkeit und Nächstenliebe erlebt hat, wie in der muslimischen Welt. Ein Eindruck, der sich auch mit eigenen Erfahrungen innerhalb meiner Familie deckt.

Leider ist es genau das, was der IS diesen muslimischen Ländern vorwirft und weshalb er ankündigt, sie zu bekämpfen.

Allerdings wünscht man sich im Zuge der terroristischen Anschläge vonseiten des Westens zu Recht häufig eine deutlichere Positionierung der islamischen Welt gegen diese Gruppen.

Religionen müssen ihre Lehren ausschließlich durch Überzeugung verbreiten, alles andere steht im Widerspruch zu ihren ursprünglichen Absichten.

Der Missbrauch von Religionen zur Mehrung von Machtansprüchen, wie es ihn bedauerlicherweise zu allen Zeiten gegeben hat, ist in unserer aufgeklärten Zeit, gegebenenfalls auch unter Nutzung der weltweit verfügbaren Medien, zu ächten.

Religionen müssen uns darin unterstützen, das Bestmögliche für die Menschheit zu erreichen, statt uns womöglich noch daran zu hindern.

Dies stünde im Widerspruch zu den Zielen aller großen Religionen.

Wir brauchen eher ein größeres Angebot an religiösen Anschauungen als eine Bekämpfung der existierenden Strömungen untereinander.

Die Angebote sollten sich jedoch ergänzen, statt sich auszuschließen.

Glaube ist etwas sehr Persönliches, und jeder sollte unter den Angeboten seinen eigenen Weg finden können.

Viele, auch bisher nicht genannte Religionen, bieten dazu gute Ansätze.

Jesus Christus, Buddha, Konfuzius oder Muhammad haben ihre Strahlkraft, im Gegensatz zu den meisten politischen Führern, über Jahrtausende erhalten.

Erhalten haben sich auch alte Naturgesetzreligionen, wie der Buddhismus.

Die Buddhisten glauben, dass die wirklichen Ursachen für das Leiden in den Denk- und Verhaltensmustern zu suchen sind, die durch das Begehren bestimmt werden, und befinden sich damit im Einklang mit den Erfahrungen moderner Wissenschaft.

Physiker wie Albert Einstein kommen zu den gleichen Ergebnissen wie Buddha vor zweieinhalbtausend Jahren.

Auch die amerikanischen Indianer und die Mystiker aller Zeiten und Religionen, die sich um Erfahrungen einer göttlichen oder absoluten Wirklichkeit bemüht haben, hatten ein ähnliches Weltbild.[1]

Deshalb räumt der Buddhismus der Frage nach dem Glück eine größere Bedeutung ein als andere Religionen. Die Lebensqualität des Menschen hängt eben nicht nur von den materiellen Umständen ab, sondern vor allem von seinem Gemütszustand. Glück und Unglück haben nichts mit den subjektiven Gefühlen zu tun. Wir sollten ihnen daher, so Buddha, nicht so viel Bedeutung geben, dann gelangen wir schneller zum inneren Frieden.

Dem Buddhismus geht es darum, Gesetzmäßigkeiten zu verstehen und zum eigenen Vorteil anzuwenden. Der Buddhismus passt daher seine Lehren auch den Lebensbedingungen der jeweiligen Zeit an, eine Vorgehensweise, die andere Religionen weitgehend verschlafen.

Es gibt auch keinen Gott, der einen bestraft, vielmehr beeinflusst das eigene Handeln die Folgen. Umgekehrt wäre dann auch keine Strafe durch andere nötig, was wünschenswert wäre, aber nicht unserer Lebenserfahrung entspricht.

Der Buddhismus war offensichtlich in vielen Fragen seiner Zeit weit voraus.

Das Nirwana, die Freiheit, erreicht man, wenn man sich von allem Verlangen und Gefühlen befreit hat.

Was gibt es für Alternativen zur Religion?

Religionen sind, gerade in der westlichen Welt, zunehmend von Auflösungserscheinungen bedroht, da sie mit dem Tempo der Entwicklung unserer Gesellschaften nicht mehr Schritt halten können, bisweilen auch zurecht nicht wollen.

Zunächst gibt es Tendenzen, sich in unterschiedlichen Glaubensgemeinschaften neu zu orientieren. Es bleibt aber festzustellen, dass sie einen Großteil der Menschen nicht mehr erreichen oder zumindest in ihrem Handeln nicht mehr so weit beschränken, dass die Folgen erträglich bleiben.

Für Menschen, die unter den religiösen Angeboten keine Lösungsansätze für sich entdecken können, müssen allgemeingültige Werte verankert werden, denn auch diese Menschen sehnen sich nach Moral und Orientierung.

Unter den Deutschen halten mehr als 90% Verlässlichkeit, Ehrlichkeit und Gerechtigkeit für wichtige Maßstäbe[1], aber auch scheinbar so banale Tugenden wie Ordnung, Fleiß, Pünktlichkeit, Unbestechlichkeit, Zurückhaltung, Pflichtbewusstsein, Gewissenhaftigkeit, Zielstrebigkeit, Sparsamkeit, Aufrichtigkeit, Bescheidenheit und Disziplin gehören dazu.

Diese Werte unterscheiden uns von den Tieren und sind nicht durch Naturgesetze zu erklären.

Sie gehen zunehmend verloren.

Stattdessen bestimmt das Streben nach Freizeit und Wohlstand zunehmend unseren Alltag. Man erwartet vom Staat eine umfassende Fürsorge. Die Notwendigkeit von Verzicht wird immer seltener erkannt und wird aller Wahrscheinlichkeit nach in nicht allzu ferner Zukunft für ein böses Erwachen sorgen.

Benötigt wird mehr Verantwortungsbewusstsein für sich und die Gemeinschaft.

Im Grunde ist es ganz einfach und für jeden normal gebildeten Menschen nachvollziehbar.

Zunächst müssen wir die Naturgesetze achten.

Wir dürfen nicht mehr Ressourcen verbrauchen, als die Natur regenerieren kann, nicht mehr Schadstoffe abgeben, als das System verarbeitet.

Die zunehmende Globalisierung der Wirtschaft erfordert eine Globalisierung der Werte, wie es die Religionen, zugegebenermaßen eher schlecht als recht, über Jahrtausende übernommen haben.

Gesetze werden von Menschen gemacht.

Wenn es also keine höhere Macht als den Menschen gibt oder wir keine höhere Macht mehr akzeptieren, wird alles beliebig, denn der Mensch kann jedes Gesetz seinen Wünschen entsprechend anpassen.

Insofern kann sich nur die Menschheit als solche in einer möglichst großen Gruppe eine Rahmenordnung geben, deren Einhaltung sie dann auch sicherstellen muss.

Ohne eine solche Rahmenordnung wird der Mensch den Maßstab für sein Handeln verlieren, was seinen Untergang bedeuten dürfte.

Eigeninteresse und individuelles Gewinnstreben sind der Motor der freien Marktwirtschaft, die sich von allen Systemen weltweit am erfolgreichsten und dauerhaftesten durchgesetzt haben.

Die freie Marktwirtschaft ist untrennbar mit Freiheit, Selbstbestimmung und Demokratie verbunden.

Aber schon Ludwig Ehrhard hat nach dem 2. Weltkrieg erkannt, dass sie mit einer sozialen Komponente, also mit höheren Werten, verknüpft werden muss.

Doch das allein genügt auf Dauer nicht.

Monopolistische bzw. gruppenegoistische Machtexpansionen, wie sie verschiedene Wirtschaftsbereiche heute bereits vielfach mit all ihren negativen Folgen ausüben, gilt es zu verhindern.

Vielmehr sind die Rechte der Schwachen im Markt zu schützen.

Die Märkte müssen so transparent wie möglich gehalten werden, damit Fehlentwicklungen, die in einer globalen Wirtschaft schnell verheerende Auswirkungen für große Teile der Erdbevölkerung haben, verhindert werden können.

Wie schwierig es ist, unabhängig zu urteilen, zeigen folgende Beispiele:

Die Rating-Agenturen (Einrichtungen, die die Kreditwürdigkeit von Unternehmen aller Wirtschaftszweige, Finanzinstrumente und sogar Staaten bewerten) haben vor der Wirtschaftskrise 2007, Höchstbewertungen für Papiere im Wert von Hunderten von Milliarden Dollar vergeben, die sich später zu 93% als toxische Papiere erwiesen.[2]

Auch der erschlichene Beitritt Griechenlands zur Eurozone ist auf die Mithilfe amerikanischer Banken zurückzuführen, die Griechenland mit getarnten Devisengeschäften geholfen haben. Wie man weiß, ohne nennenswerte Konsequenzen für die unmittelbar Beteiligten.[3]

Aber auch in Europas Staaten war allen Verantwortlichen aufgrund von Einwänden der deutschen Bundesbank bekannt, dass Griechenland die Konvergenzkriterien nicht erfüllte.[4]

Griechenland wurden letztlich 300.000.000.000 (300 Milliarden) Schulden erlassen bzw. zu günstigen Bedingungen umgeschuldet.[5] Wenn die Menschheit sich der Gefahren einer kaum kontrollierten Wirtschaft stärker bewusst wird, kann eine solche Kontrolle gelingen. In vielen Bereichen, wie im Sport, im Flugverkehr usw., hat man sich schließlich auch weltweit auf einheitliche Regeln einigen können.

Wie muss eine solche Weltordnung aussehen?

Ein verbindendes Ethos muss tolerant sein, es darf nicht ausgrenzen, sondern muss einladen.

Der Mensch muss im Mittelpunkt stehen, nicht der Staat und die Wirtschaft.

Das Rote Kreuz mit seiner vorbehaltslosen Hilfe, bei der der Mensch im Mittelpunkt steht, ist heute in 186 Ländern tätig und findet somit weltweite Anerkennung.

Aber auch das Kinderhilfswerk UNICEF, die Weltgesundheitsorganisation WHO, die Weltbank, um nur einige zu nennen, können als positive Beispiele genannt werden.

Schließlich ist auch die Weiterentwicklung der EU eine Wertegemeinschaft mit Einfluss auf die Weltgemeinschaft.

Solche Organisationen sind zu stärken und weiter auszubauen. Wir müssen Vereinbarungen treffen, nach denen jeder die tatsächlichen Kosten (einschließlich derer, die durch die Umweltbelastung entstehen) eines Produktes zahlen muss.

Diese liegen weit über den heute gezahlten Summen und würden nachhaltig zu einer Reduzierung des Konsums führen.

Die Differenz zwischen diesen beiden Beträgen zahlen stattdessen jedoch unsere Nachkommen. Wir nehmen uns gewissermaßen ungebeten uneingeschränkten Kredit zulasten nachfolgender Generationen.

Oberste allgemeingültige Regel ist die Kultur der Gewaltlosigkeit und der Ehrfurcht vor dem Leben. Konflikte müssen zunehmend ohne Gewalt gelöst werden.

Alle Moral ergibt sich aus den selbst erlittenen Verletzungen, die uns andere Menschen gewollt oder ungewollt zufügen.

„Was du nicht willst, das man dir tu, das füg' auch keinem anderen zu" ist die Regel, auf die sich im Grunde alle Nationen dieser Welt einigen können.

Sie findet sich in jeder großen religiösen Tradition in ähnlicher Form wieder.

In der 4. Sure des Koran steht beispielsweise geschrieben: „Darum, wenn sie (die Ungläubigen, Anmerkung des Autors) sich von euch fernhalten und nicht wider euch kämpfen, sondern euch Frieden bieten: dann hat Allah euch keinen Weg gegen sie erlaubt."

Ihre konsequente Anwendung würde die Welt nachhaltig verändern.

Freiheit und Sicherheit sind die höchsten Werte, denen sich alles andere unterordnen muss.

Darüber hinaus sollte es eine Kultur der Solidarität, der Toleranz, der Maßhaltigkeit, der Gerechtigkeit und Gleichberechtigung geben.

Ethische Lehren sind auch dann möglich, wenn sie sich nicht auf einen göttlichen Urheber berufen, sondern sich an der Vernunft orientieren.

Auch viele der Zehn Gebote lassen sich ohne Religion von den meisten Gesellschaften unserer Erde mehrheitlich akzeptieren, z.B.:

Das vierte Gebot

Du sollst deinen Vater und deine Mutter ehren.

Das fünfte Gebot

Du sollst nicht töten.

Das siebte Gebot, das man auch mit dem neunten und teilweise zehnten Gebot verbinden könnte:

Du sollst nicht stehlen. Du sollst nicht begehren deines Nächsten Haus, Weib, Knecht, Magd, Vieh noch alles, was dein Nächster hat.

Das achte Gebot

Du sollst nicht falsch Zeugnis reden wider deinen Nächsten.

Dazu bedarf es auch einer solidarischen Stärkung und Anerkennung der internationalen Gerichtshöfe.

In vielen Bereichen, für die fast zwangsläufig allgemeingültige Regeln vereinbart wurden (Seerecht, Luft- und Straßenverkehr etc.) ist dies schon gelungen und zeigt, dass weitere Vereinbarungen international möglich sind und entwickelt werden müssen.

In einer globalisierten Welt brauchen wir auch globale Regeln, deren Verstöße von einem internationalen Gericht geahndet und international sanktioniert werden.

Es kann nicht sein, dass ein Land wie die Ukraine ein Atomkraftwerk wie das in Tschernobyl baut und dann die internationale Gemeinschaft dafür aufkommen muss, wenn es zum Supergau kommt.

Überall auf der Welt haben sich vergleichbare Standards ganz unbewusst ergeben, einfach deshalb, weil es vernünftig schien.

Warum soll also nicht möglich sein, auch in ethischen Fragen vernünftige Grundsätze zu vereinbaren?

Dabei spielen der gegenseitige Respekt und die Rücksicht auf die jeweiligen staatlichen Gesetze eine entscheidende Rolle, wie sie schon in den Prinzipien des Westfälischen Friedens 1648 (Gleichheit und Souveränität der Staaten) festgelegt wurden, die auch heute noch in großen Teilen der Welt anerkannt werden.

Niemand sollte sich jedoch über grundsätzliche Fragen hinaus anmaßen, Regeln nach seinen Maßstäben für andere Staaten aufzustellen.

Die nötigen Vereinbarungen werden nicht von einem Tag auf den anderen zustande kommen, sondern werden sich über lange Zeiträume entwickeln und anpassen müssen.

Aber wir sollten den Weg konsequent weiterverfolgen.

Je allgemeiner die Grundsätze anfangs gefasst werden, umso größer sind die Aussichten, zu einer Vereinbarung zu kommen.

Möglicherweise muss man sogar regional unterschiedliche Vereinbarungen treffen, die erst in der ferneren Zukunft vereinheitlicht werden können. Dabei sind geschichtliche und traditionelle Hintergründe angemessen zu berücksichtigen.

Menschen (nicht Staaten), die sich nicht an die vereinbarten Grundsätze halten, müssen dann nach angemessenen, zuvor einvernehmlich vereinbarten Maßstäben, individuell bestraft werden.

„Schuld ist immer individuell, nie kollektiv", hat Helmut Schmidt einmal gesagt.[1]

Wir müssen aufhören, ganze Völker, Rassen, Religionen, Staaten etc. kollektiv zu verurteilen.

Die Vereinten Nationen haben, fast unbemerkt, 2015 einen Katalog der notwendigen Maßnahmen aufgestellt. Darin finden wir lauter Selbstverständlichkeiten, die uns deutlich machen, wovon wir offensichtlich noch weit entfernt sind:

-      Armut und Hunger beseitigen
-      Gesundes Leben und Bildung ermöglichen
-      Nachhaltiges Wirtschaften
-      Arbeit für alle
-      Sicherheit erhöhen, Ungleichheit reduzieren
-      Erhaltung unserer Natur

Dies sind ehr ehrgeizige Ziele, vielleicht zu ehrgeizig für den Moment, denn sie sind so weit von der Realität entfernt, dass man bei ihrer Umsetzung resignieren muss.

Es wäre sinnvoll, erreichbare Zwischenziele zu definieren, diese regelmäßig zu überprüfen und weiterzuentwickeln.

Unsere Vorfahren glaubten an animistische Geister.

Darunter versteht man in der Psychologie unbelebte Dinge, denen man menschliche Fähigkeiten zuschreibt, übrigens eine Denkweise, die bei Kindern vom zweiten bis siebten Lebensjahr auch heute noch ausgeprägt ist.

Auch die Christen glauben mehrheitlich noch an einen Teufel (als Vertreter des Bösen) und Heilige.

Die religiöse Rechte, sogenannte Kreationisten, in den USA bestreiten noch heute die Evolution und begründen dies mit der wörtlichen Interpretation der Heiligen Schrift.

Unsere Welt wird getragen von der Macht der Wahrheit. Der Mensch hat ein Grundbedürfnis nach Ehrlichkeit. Allerdings neigen die Ehrlichen aus Bequemlichkeit und Unbehagen häufig stärker als die Lügner dazu, ihre Sache nicht mutig genug zu vertreten. Dafür werden sie von den Lügnern verachtet. Ehrlichkeit braucht Mut und Ausdauer. Eine Lüge führt in unserer Gesellschaft häufig schneller zum Erfolg, wenn dieser auch häufig nicht von Dauer ist.

Wir müssen dafür sorgen, dass das Bedürfnis nach Wahrheit so weit gestärkt wird, dass es durch die, die sich der Wahrheit entziehen, nicht beherrscht wird.

Napoleon, selbst ein Menschenverächter, hat einmal gesagt: „Die Welt geht nicht an der Bosheit der Bösen, sondern an der Schwäche der Guten zugrunde.“

Menschen, die auf ihren Vorteil bedacht sind, beherrschen die Wirtschaft und damit wesentliche Bereiche unseres Lebens.

Selbst wesentliche Bereiche des Sports, einst der Inbegriff von Fairness, werden von Betrügern beherrscht.

Zu viele der Betrüger in Politik und Wirtschaft müssen zudem kaum Konsequenzen für ihr nicht akzeptables Verhalten befürchten.

Unsere Welt verliert zusehends an authentischen Gesellschaftsmitgliedern, die ihre Stärken und Schwächen noch kennen und sich so geben, wie sie sind. Wir werden in eine Rolle gedrängt, die uns die Gesellschaft vorgibt.

Dem Verlangen nach Macht und Geld versuchen vereinzelte Menschen seit ewigen Zeiten zu entkommen, indem sie in ein Kloster eintreten. Dort müssen sie auf den eigenen Willen (und damit auf Macht), auf Besitz (und damit auf Geld) und auf das Ausleben ihrer Sexualität verzichten. Dafür geben sie auf eigenen Wunsch einen Teil ihrer Freiheit auf.

Journalisten haben die Aufgabe, Fehler im gesellschaftlichen Zusammenleben aufzudecken, zu veröffentlichen und damit infrage zu stellen.

Viele kommen dieser Aufgabe nach, andere eher nicht. Auch dies hat meist wirtschaftliche Gründe. Da geht es um die Auflagen der

Zeitung, die Einschaltquoten im Fernsehen bis hin zu direkter oder indirekter Bestechung, wenn ein Stahlriese Luxusreisen organisiert oder ein japanischer Konzern Chefredakteure zum Wiener Opernball einlädt und sie vorher noch mit der entsprechenden Abendgarderobe ausstattet.

Sind das christliche Vaterunser und das Glaubensbekenntnis aktueller denn je?

Wenn ich eine Kirche besuche, bin ich immer wieder erstaunt, wie präsent auch bei glaubensfernen Besuchern das Glaubensbekenntnis und das Vaterunser sind.

Beide werden in der Regel von nahezu allen Gottesdienstteilnehmern weitgehend auswendig mitgesprochen. Allerdings hat man Zweifel, ob der Inhalt beim Beten wirklich bewusst mitgeteilt wird.

Offensichtlich haben die Menschen früher schon sehr ähnliche Dinge bewegt wie heute, und es lohnt, sie sich von Zeit zu Zeit bewusst zu machen, schon um Dankbarkeit zu empfinden, wenn man bemerkt, wie selbstverständlich vieles für uns geworden ist:

„Unser tägliches Brot gib uns heute."

Ausreichende Ernährung ist ein Grundbedürfnis. Ohne sie haben wir den Kopf nicht frei für andere Dinge.

Von Brot ist die Rede, nicht von üppigen Mahlzeiten nach dem Motto: „All you can eat" in der Erlebnisgastronomie oder ähnlichem.

„Und vergib uns unsere Schuld."

Dies setzt voraus, dass wir uns schuldig gemacht haben. Kaum jemand kann bestreiten, dass dies nicht der Fall ist, auch wenn die Schuld individuell sehr unterschiedlich ausfällt. Wir sollten uns nichts vormachen. Unsere Generation der Wohlhabenden hat möglicherweise mehr Schuld auf sich geladen als je eine andere zuvor.

Die Kirche hat im Mittelalter Geld damit verdient, indem sie sogenannte Ablassbriefe verkauft hat, mit denen man sich von seiner Schuld freikaufen konnte.

Eine sehr abwegige Vorstellung, die aber auch heute noch häufig angewendet wird, wenn auch in abgewandelter Form.

Wenn es einem zu mühsam ist, sich menschlich zu engagieren, versucht man sich in Form von Spenden ein gutes Gewissen zu erkaufen.

„Wie auch wir vergeben unseren Schuldigern."

Ein Schlüsselsatz, dessen Anwendung die Menschheit von den meisten ihrer Probleme befreien würde.

Trotzdem sind Gottesdienste heute nicht mehr zeitgemäß. Junge Leute bleiben den Gottesdiensten zunehmend fern, weil sie das dort gesprochene Wort nicht erreicht.

Man sollte darüber nachdenken, ob es sinnvoll ist, die Liturgie zwingend in den Gottesdiensten aufrecht zu erhalten. Sie macht es den Gottesdienstbesuchern zu einfach. Man setzt sich nicht mehr mit dem Glauben auseinander.

Wann wird das Vaterunser noch bewusst gebetet?

Die Angebote in den Gottesdiensten müssen vielfältiger werden. Vielen graust es schon vor der Orgelmusik und den austauschbaren Liedern, die überwiegend nach dem gleichen Muster komponiert wurden.

Gospelchöre beispielsweise, leider überwiegend in evangelischen Kirchengemeinden, erfahren dagegen vielerorts einen enormen Zulauf.

Alles, was zum Leben gehört, gehört auch in die Kirchen.

Unsere Gottesdienste sollten zeitgemäßer werden, ohne sich dem Zeitgeist anzubiedern. Sie müssen mehr Angebote rund um den Glauben machen.

„Und führe uns nicht in Versuchung."

Wir sind uns sicher einig, dass es eher zu viele Versuchungen in unserer Zeit gibt, denen kaum noch zu widerstehen ist. Diese Bitte ist daher kaum zu erfüllen, daran zu arbeiten aber von erheblicher Bedeutung, daher die folgerichtige Bitte:

„Sondern erlöse uns von dem Bösen."

Mit dem Glaubensbekenntnis verhält es sich ähnlich. Ich bin sicher, dass viele der Gottesdienstbesucher nicht das glauben, was sie da beten oder beten sollen.

„Ich glaube an Gott, den Vater, den Allmächtigen, den Schöpfer des Himmels und der Erde."

Ich meine, dass sich viele mit diesem Satz identifizieren können, sofern sie einen Gottesglauben haben. Dieser Satz ist bis heute nicht widerleg- oder beweisbar und macht den Kern von Glauben überhaupt aus, wobei der Begriff „Vater" heute eher symbolisch verstanden wird.

„Und an Jesus Christus, seinen eingeborenen Sohn, unsern Herrn."

Hier setzen erste Zweifel ein. Über Jesus weiß man, wie bereits ausgeführt, wissenschaftlich gesehen, außer von seiner Existenz, so gut wie nichts.

„Empfangen durch den Heiligen Geist."

Darunter werden sich die meisten nichts mehr vorstellen können.

„Geboren von der Jungfrau Maria."

Dies ist wissenschaftlich bis auf Weiteres widerlegt.
Auch die Wiederauferstehung Jesu wird heute symbolisch interpretiert.

Die Kirche muss sich in Teilen neu erfinden. Eine Kirche wie die katholische, die sogar Kontakte zur Mafia unterhält, führt immer weniger Menschen auf den rechten Weg.
Ideologien, Manipulation und Abhängigkeit, mit denen die katholische Kirche beispielsweise jahrhundertelang ihre Mitglieder an sich gebunden hat, finden heute immer weniger Anhänger, wenn doch, dann meist mit gefährlichen Nebenwirkungen, die wir uns nicht wirklich wünschen sollten.
Wir brauchen freie, selbstbewusste und unabhängige Mitglieder in unserer Gesellschaft. Der Absolutheitsanspruch der Kirche auf die wesentlichen Fragen der Menschheit die richtigen Antworten zu haben, hat sich in der Vergangenheit zu oft als Irrweg erwiesen. Das Ende des Pflichtzölibats oder die Ordination von Frauen sind lange überfällig.
Die christliche Kirche hat über Jahrhunderte durch geistige

Tribunale, Hexenverbrennungen und gewalttätige Missionare den Tod von Millionen Menschen zu verantworten.

Hier ist eine angemessene Demut gefordert, wie sie der aktuelle Papst praktiziert, leider häufig ohne die notwendige Unterstützung seiner eigenen Kirche.

Wenn dies gelingt, kann die Kirche auch in den westlichen Ländern eine Renaissance erfahren. Viele Wissenschaftler, allein 40% der amerikanischen, darunter auch Naturwissenschaftler, glauben an Gott.

In Afrika und selbst in China, wo religiöses Leben nach der Kulturrevolution streng verboten war, nimmt die Zahl der Christen ohne nennenswerte ausländische Unterstützung stetig zu. Dies sind alles Zeugnisse dafür, dass ein Bedarf an Werten und Orientierung besteht.

Geht es auch ohne Kapitalismus?

Dies ist eine schwierige Frage. Manche Politiker meinen eher, dass man mehr Kapitalismus wagen sollte, und haben damit in einzelnen Punkten möglicherweise recht.

Auf der anderen Seite gibt es Gruppen, die sich, auch außerhalb von Politik, dem Kapitalismus verweigert haben. Die Motive waren dabei sehr unterschiedlich, hatten aber alle etwas mit Werten zu tun.

Sie beherrschen die höchste Kunst: das Einfachsein. So gibt es im Zen-Buddhismus die Lehre vom Zustand der besitzlosen Leichtigkeit.

Zu diesen Gruppen zählen auch die Amischen (nach Jakob Ammann). Ihr Beispiel zeigt, dass Parallelgesellschaften unterschiedlicher Lebensstandards möglich sind, wenn die Gruppe von ihrer Lebensweise überzeugt ist.

Die Amischen beschränken sich von jeher auf die notwendigen Grundlagen des Lebens.

Sie sind eine protestantische Glaubensgemeinschaft, die ihre Wurzeln in Mitteleuropa, in Südwestdeutschland und der deutschsprachigen Schweiz, später auch im Elsass, im Saarland, Bayern, Luxemburg und der Pfalz hat.

Sie spalteten sich 1693 von der Gruppe der Mennoniten ab und leben heute in den Vereinigten Staaten und Kanada, wohin sie im 18. Jahrhundert auswanderten, weil sie immer wieder Verfolgungen ausgesetzt waren.

Die Amischen besitzen keinen Anschluss an die vorhandenen Elektrizitätsnetze (erzeugen aber teilweise eigene Elektrizität), fahren in der Regel keine Autos, haben eine starke Bindung zur Landwirtschaft und zum Handwerk und tragen zweckmäßige, schmucklose Kleidung, die von den Frauen selbst hergestellt wird.

In Deutschland werden beispielsweise jedes Jahr mehrere Milliarden Kleidungsstücke erworben, etwa 60 Stück pro Person im Durchschnitt, die nebenbei einen Textilmüllberg von 1.000.000 (1 Million) Tonnen erzeugen.[1]

Obwohl bei den Amischen die Nachkommen den Verlockungen des Wohlstandes zunehmend erliegen und sich gegen ein Leben in der Glaubensgemeinschaft entscheiden, verdoppelt sich die Zahl ihrer Mitglieder durch die zahlreichen Nachkommen etwa alle 20 Jahre.

Zu anderen religiösen Wertegemeinschaften, z.B. Nonnen und Mönchen, lassen sich zahlreiche Parallelen herstellen.

Der Wohlstand der westlichen Gesellschaft, der ganz wesentlich mit dem exzessiven Energieverbrauch verbunden ist, wird sich mit der zunehmenden Reduzierung der Rohstoffe wieder reduzieren und die Gesellschaft wird sich, gewollt oder ungewollt, den Amischen wieder stärker annähern. Sie haben gewissermaßen diesen in der Geschichte der Menschheit extrem kurzen Zeitraum einfach übersprungen. Wir müssen den Weg zurück erst finden, was nicht gelingen wird, vielmehr werden die Umstände uns dazu zwingen, was viele Opfer fordern wird. Bis dahin werden viele Fähigkeiten verloren gehen, die mühsam neu erlernt werden müssen.

Der Einsatz von Elektrizität und der Verbrauch von nicht nachwachsenden Rohstoffen müssen auf wesentliche Bereiche begrenzt werden.

Dies betrifft auch die Form unseres Zusammenlebens, in der das Individuum wieder an Bedeutung verlieren wird.

Kleidung beispielsweise dient in der westlichen Welt nicht selten dazu, sich von anderen abzugrenzen, Neid und Missgunst zu erwecken. Die Amischen tragen ausschließlich praktische Kleidung, wie in den meisten Teilen der Welt beispielsweise Berufskleidung, aber auch einheitliche Kleidung, die die Zugehörigkeit zu einer Gruppe symbolisiert, wie allerdings auch Uniformen.

Mit schwindender Mobilität werden aber auch Konflikte vermieden, und die regionale Identität von Gruppen wird zunehmen.

Was bringt die Zukunft?

Natürlich weiß auf diese Frage niemand eine umfassende Antwort. Es bleibt somit immer spekulativ, darüber nachzudenken und nach Antworten zu suchen. Trotzdem ist der Blick in die Zukunft wichtig. Kinder machen sich wenig Gedanken und damit auch beneidenswert wenig Sorgen, was die Zukunft bringt. Ältere Leute resignieren häufig bei dem Gedanken an die Zukunft angesichts der Zeit, die ihnen bleibt. Trotzdem haben auch sie das Bedürfnis, die wesentlichen Dinge in ihrem Sinne zu regeln.

Die meiste Zeit in der Geschichte wollten die Menschen die Welt verändern und machten sich deshalb Gedanken, wie ihnen dies gelingen sollte.

Wir sollten uns vielleicht für die Zukunft mehr Gedanken machen, wie wir so viel wie möglich von dem, was geblieben ist, noch bewahren können.

Der israelische Autor Yuval Noah Harari glaubt, dass die Menschen durch den Siegeszug der Computer als Mischung aus Organismus und Maschine, sogenannte Cyborgs, gottähnliche Fähigkeiten entwickeln wird.

Der Wille der Menschen ist manipulierbar und damit kontrollierbar, sei es durch Medikamente, Gentechnik oder direkte Gehirnstimulation.[1] Die Folgen solcher Möglichkeiten sind unbegrenzt und lassen Schlimmes befürchten. Sie könnten für die Menschen existenzbedrohend sein.

Ein anschauliches Bild kann man sich in dem sehr realistischen Roman von Marc Elsberg, „Helix – sie werden uns ersetzen", machen, in dem von genmanipulierten Pflanzen und Menschen erzählt wird.

Die meisten Berufe lassen sich in absehbarer Zeit durch Technik ersetzen. Das bedeutet, dass ein Großteil der Menschheit sich selbst überflüssig macht. Welche Folgen diese Tatsache haben kann, mag sich jeder selbst ausmalen.

Wenn in Europa viele Branchen, insbesondere im Mittelstand, wegfallen, führt die damit einhergehende Verunsicherung dazu, das Risiko der Banken bei der Kreditvergabe zu erhöhen, was wiederum Investitionen langfristig abbremst.

Ob es dazu kommen wird, hängt sicher stark davon ab, ob Wege gefunden werden, die fossilen Brennstoffe durch andere Energieträger hinreichend zu ersetzen. Ich habe da meine ausführlich beschriebenen Zweifel, dass dies flächendeckend gelingen wird. Dies wird jedoch niemanden regional davon abhalten, Möglichkeiten der technischen Manipulation zu nutzen.

Diejenigen, die im Besitz dieser Möglichkeiten sind, werden eine neue, eher wenig erstrebenswerte „Elite" bilden und Macht und Geld für ihre Kreise beanspruchen.

Tendenzen zu solchen Kreaturen gibt es in der Medizin. Auch die Verbindung von Computern mit Gehirnen ist technisch sicher möglich.

Trotzdem bleibt zu hoffen, dass sich dies nicht durchsetzen wird.

Alles hat natürlich seine zwei Seiten. So hilft Technik auch, Fehler durch menschliches Versagen zu minimieren.

Aus der Vergangenheit wissen wir, dass die Zukunft selten so ausgesehen hat, wie wir sie uns vorgestellt haben. Unvorhergesehene Hindernisse haben erwartete Entwicklungen behindert, nicht erkannte Entwicklungen unerwartete Möglichkeiten ergeben.

Hoimar von Ditfurth, Vater der ehemaligen Vorsitzenden der „Grünen" Jutta von Ditfurth, schrieb 1985 in Anlehnung an Luthers Zitat das Buch „So lasst uns denn ein Apfelbäumchen pflanzen".

Luther hatte verkündet, er würde dies am Tag vor dem Weltuntergang tun. Ditfurth war bereits Mitte der 80er Jahre der Meinung, dass es nun so weit sei.

Nun kann man das natürlich auch in größeren Zeiträumen denken, als wir Menschen das gemeinhin tun, denn auch wenn vieles schlechter geworden ist – manches hat sich auch gebessert.

Er durfte beispielsweise noch miterleben, dass die Bedrohung durch Atomwaffen, die in den 1980er Jahren weltweit eine große Rolle spielte, durch die Einigung der Großmächte an Bedeutung verloren hat. Was nicht heißt, dass sie nicht jederzeit wieder akut werden könnte. Die Entwicklungen in Nordkorea und im Iran, so sie denn zutreffen, geben erschreckende Beispiele dafür, dass die skrupellosen Führer nicht aussterben.

Die Wissenschaft macht enorme Fortschritte.

Die Demokratie hat sich weiter in der Welt verbreitet.

Die meisten Menschen können heute lesen und schreiben, auch wenn noch viel zu tun ist, da es immer noch fast eine Milliarde Analphabeten gibt.

Noch 1950 waren 50% der Weltbevölkerung Analphabeten, was zwar auch nicht viel mehr als eine Milliarde waren, aber heute gehören über sechs Milliarden nicht zu den Analphapeten.[2]

Fast immer, wenn ich mit Bekannten und Freunden über ihre Gedanken zu den aktuellen Bedrohungen der Menschheit sprechen, entgegnen sie mir, sie hätten Vertrauen in die menschlichen Fähigkeiten, dafür Lösungen zu finden.

Nehmen wir das wichtige Thema „Energieversorgung". Wie bereits zuvor ausgeführt, ist überall um uns herum Energie im Überfluss vorhanden. Wir haben jedoch nicht gelernt, sie für uns so nutzbar zu machen, dass sich das Problem der Energieversorgung nahezu von selbst erledigt.

Einsteins berühmte Formel $E = mc^2$ besagt, dass in jedem Gramm einer beliebigen Menge Materie der gewaltige Energiebetrag von rund 25 Millionen Kilowattstunden steckt.

Wir müssen also nur noch herausfinden, wie man ihn nutzbar macht.

Leider haben wir bisher selbst bei der Kernspaltung kaum mehr als 0,1% nutzbar machen können.

Aber in anderen Bereichen gibt es Erfolge zu vermelden. Gewalt hat in der Geschichte der Menschheit, allen gegenteiligen Eindrücken zum Trotz, abgenommen. Das macht Hoffnung.

Im gesamten 20. Jahrhundert starben trotz zweier Weltkriege „nur" rund 5% aller Menschen eines gewaltsamen Todes.

Im Jahr 2000 kamen rund 300.000 Menschen in Kriegen ums Leben, durch Terroristen sogar unter 10.000. Ohne Frage trotzdem immer noch beeindruckend hohe Zahl, aber sie machten lediglich 1,5% aller Todesfälle in diesem Jahr aus. Die Wahrnehmung dieser Toten ist aber ein ganz andere und die Reaktion darauf häufig unangemessen gefährlich.

Mehr als doppelt so viele Menschen nahmen sich im gleichen Zeitraum selbst das Leben und mehr als dreimal soviel, über eine Million Menschen kamen bei Verkehrsunfällen ums Leben. Eine Tatsache die wir meist gelassen hinnehmen, da kaum einer auf den Komfort, den ihm die Mobilität verschafft, verzichten möchte.[3]

Seit dem Ende des 2. Weltkrieges ist kein anerkanntes Land mehr erobert worden.

Die unzähligen Kulturen, die in der Geschichte der Menschheit entstanden sind, sind immer mehr miteinander verschmolzen und entwickeln sich weiter in Richtung Einheit.

Wir haben heute selbst in den entlegensten Winkeln der Welt ähnliche Rechtssysteme, anerkannte Grenzen von Nationalstaaten, ein einheitliches Seerecht, fahren ähnliche Autos, wohnen in ähnlichen Häusern, ernähren uns nahezu einheitlich, tragen vergleichbare Kleidung, statten unsere Häuser nahezu identisch aus, benutzen die gleichen Medien usw.

Ernstzunehmende Wissenschaftler meinen, dass es schon in einer der nächsten Generationen Menschen geben könnte, die keines natürlichen Todes mehr sterben müssen, andere glauben, dass die Menschheit kurz vor dem Aussterben steht, da unser Schicksal durch die zuvor beschrieben Umstände bereits besiegelt ist.

Beides ist eher unwahrscheinlich.

Die natürliche Sterblichkeit ist Teil der Evolution. Anderseits ist der Mensch viel anpassungsfähiger, als man glaubt, allerdings nur, wenn ihn die Umstände dazu zwingen.

Tatsächlich ist es bei allem Fortschritt bis heute nicht gelungen, die Lebensspanne zu erweitern. Nur die Lebenserwartung hat sich erhöht, weil es der Medizin gelungen ist, die meisten Krankheiten zu besiegen.

Trotzdem ist es offensichtlich ein Menschheitstraum, den Tod zu überwinden, selbst Google arbeitet daran.

Wir haben in den letzten 200 Jahren viele Evolutionsstufen vorweggenommen und uns damit an vielen Stellen scheinbar hoffnungslos überfordert.

Die äußeren Umstände werden uns aber genauso schnell wieder einholen, und im Nachhinein war alles bloß ein kurzes Versehen der Menschheitsgeschichte.

Ich gehe davon aus, dass unsere Welt künftig wieder sehr viel regionaler organisiert sein wird.

Dies wird sich ganz banal in weniger Fernreisen und reduziertem Fleischkonsum auswirken, aber womöglich auch in Kriegen, wie immer diese auch aussehen mögen, um die letzten Ressourcen, wie es sie ja heute schon unter Vorgabe anderer Motive gibt.

Die Staaten mit den größten Ölreserven (Saudi-Arabien, Iran, Irak, Kuwait und die Vereinigten Arabischen Emirate) sind nämlich nicht identisch mit den größten Verbrauchern (USA, China, Japan, Russland und Deutschland).

Die Gesundheitsindustrie wird wachsen, um die Versorgung der älteren Bevölkerung gewährleisten können, und mit ihr die Beiträge zu deren Kosten. Es wird dennoch nicht gelingen, Kosten und Nutzen in ein vernünftiges Gleichgewicht zu bringen. Die Leistungen der gesetzlichen Krankenkassen werden mit zunehmendem Lebensalter reduziert werden müssen, da die Kosten gleichzeitig überdurchschnittlich steigen. Einziger Ausweg aus Sicht der Forschung wäre eine genetische Veränderung der Menschen, die den Alterungsprozess aufhält und so ein ewiges Leben ermöglicht. Inwieweit das wünschenswert ist, mag jeder für sich entscheiden. Es könnte der Anfang vom Ende der Menschheit sein.

Niedrige Zinsen bedrohen die Altersvorsorge.

Die Rentenbeiträge werden im Gegensatz zu den Renten deutlich steigen.

Kinderlose in unserer Gesellschaft sollten deshalb einen höheren Beitrag zur Altersversorgung leisten.

Gleichzeitig wird die Lebensarbeitszeit weiter steigen. Ältere Menschen sind dazu auch von ihren physischen Voraussetzungen durchaus geeignet. An der Bereitschaft dazu wird es eher mangeln, solange die Umstände die Menschen nicht dazu zwingen, was zwangsläufig passieren wird. Es gilt, frühzeitig flexible Konzepte zu entwickeln, die beides miteinander vereinbaren lassen. Diesbezüglich sind nicht nur die Politiker, sondern auch die Unternehmen und nicht zuletzt die betroffenen Menschen selbst gefordert.

Sinkende Einwohnerzahler machen es unmöglich, schwach besiedelte Gebiete mit der notwendigen Infrastruktur zu versorgen, was dazu führt, dass dort teilweise ganze Ortschaften aufgegeben werden. Diese Entwicklung wird in den kommenden Jahren stärker zunehmen. Sind noch vor 20 bis 30 Jahren die Familien von der Stadt auf das Land gezogen, drängt es sie nun wieder zurück, mit allen Nachteilen, die das Wohnen in der Stadt mit sich bringt (schlechtere Luftqualität durch erhöhten Feinstaub, mehr Lärmbelästigung etc.) In den Dörfern nimmt der Leerstand von Häusern zu, und die Städte leiden unter dem fehlenden Angebot an bezahlbaren Wohnungen. Diesen Entwicklungen mit allen negativen Begleiterscheinungen, wie steigenden Immobilienpreisen in den Städten und einem Werteverfall in den ländlichen Bereichen, ist entgegenzuwirken, statt, wie es die Politik betreibt, der Entwicklung hinterherzulaufen. Der Baubestand in den Städten ist mithilfe des Staates zu modernisieren, wo nötig zu ergänzen und der ländliche Bereich durch eine Erhöhung der Attraktivität (z.B. bessere Anbindung an die Städte durch öffentliche Verkehrsmittel) für die Menschen zu erhalten.

Stattdessen verwahrlosen die nicht genutzten Bahnhöfe, und die Menschen benutzen lieber den eigenen PKW, mit dem sie sich mehr stehend als fahrend in die Stadt begeben und die Innenstädte verstopfen.

Die Menschen werden wieder mehr in Städten leben. Auch diese Entwicklung ist heute, wenn auch möglicherweise aus anderen Motiven, festzustellen.

Dies alles kann sehr schnell und weitgehend unvorbereitet passieren, denn unsere Industriegesellschaft reagiert bereits sehr sensibel auf kleinste Schwankungen beim Ölnachschub.

Da die Industrialisierung mangels energieliefernder Rohstoffe abnehmen wird, wird die Arbeitsbelastung nach zwischenzeitlicher Entlastung wieder steigen.

Die Globalisierung und mit ihr der enorme Konsum werden an Bedeutung verlieren.

Aber es wird sich erst dann etwas entscheidend ändern, wenn es ausreichend Menschen, die bereits den Wohlstand kennengelernt haben, so schlecht geht, dass es ihr Leben spürbar beeinträchtigt.

Änderungen können nicht von Menschen erwartet werden, die ohnehin schon um die Grundbedürfnisse kämpfen müssen.

Der Firm „Tomorrow" von Cyril Dion und Melanie Laurent macht das sehr eindrucksvoll deutlich. In ihm wird gezeigt, wie Menschen in Detroit versuchen, Lebensmittel mitten in der Stadt am Straßenrand anzupflanzen.

Es wird wieder regionale, ja sogar urbane (städtische) Landwirtschaft geben.

Detroit ist nach dem Zusammenbruch seiner Autoindustrie von zwei Millionen Einwohnern auf 700.000 geschrumpft. Vor Ort geblieben sind die ärmeren Teile der Einwohnerschaft. Die, die es sich leisten konnten, sind weitergewandert. So wird es auch weltweit kommen. Einwohner, die bleiben mussten oder wollten, haben viele landwirtschaftliche Projekte vor Ort auf den Brachflächen organisiert.

Es wird wieder viele kleine Betriebe geben. Gärten werden wieder für den Anbau von landwirtschaftlichen Produkten zur Eigenversorgung genutzt werden. Diese erzeugen letztlich mehr Nahrung als die Großbetriebe, denen es vorrangig um Gewinnmaximierung geht. Dabei werden zwar die Preise für unsere Ernährung über die aktuell ca. 13% unseres Einkommens steigen, allerdings sind die langfristigen Kosten deutlich geringer, die durch die heutigen Monokulturen und deren Folgen entstehen.

Es wird wieder eine nachhaltigere Bewirtschaftung der Böden benötigt, wie sie nur Kleinbetriebe gewährleisten, weil sie keine Ausweichmöglichkeiten haben.

Eine nachhaltige Nutzung der Böden benötigt keine künstlichen Dünger, keine Maschinen und somit auch keine fossilen Rohstoffe, die ohnehin künftig nicht mehr in gleichem Umfang zur Verfügung stehen. Dafür wird die Vielfalt der Lebensmittel wieder zunehmen.

Es wird zunehmend Regionalwährungen geben, die die Region stärken, indem die Gewinne reinvestiert werden. Das Streben nach Wachstum muss beendet werden. Wir verbrauchen mehr als wir benötigen. Gewinne, die bei immer weniger Menschen ankommen, gefährden unsere Demokratie, denn sie geben die Macht in die Hände weniger, deren Ziel häufig nur weitere Gewinnsteigerungen ist. Unabhängigkeit ist eines der höchsten Gesetze.

Wir brauchen weniger Straßen und mehr Fuß- und Radwege, denn nur so bekommen wir weniger Autos, mehr Radfahrer und Fußgänger. Wir brauchen mehr Demokratie, wie sie möglicherweise durch zufällig oder auch gezielt ausgewählte (oder ausgeloste) Abgeordnete (ähnlich wie bei Geschworenen) erreicht wird, als bei gewählten Vertretern. Erste Versuche mit diesem System haben erstaunliche Erfolge erzielt. Wir brauchen weniger Bürokratie, wie sie sich nur regional organisieren lässt, weil man die Beteiligten kennt und ihnen vertraut. Die Macht muss breiter verteilt und damit die Verantwortung des Einzelnen erhöht werden.

Ich habe selbst erfahren, wie die Leistungsfähigkeit von Einzelnen verbessert wird, wenn man ihnen mehr zutraut und mehr Verantwortung gibt. Letztlich wollen wir doch alle mehr Anerkennung. Diese muss sich nicht zwangsläufig in mehr Einkommen ausdrücken.

Ohne den Tod, der uns alle eines Tages ereilt, gäbe es keinen Anlass mehr, unserem Leben auch ohne Religion einen Sinn zu geben und uns von unbekümmertem Konsum ein wenig loszusagen.

Im Augenblick leben wir vielfach offenbar nur um unserer selbst willen. Tatsächlich sind wir aber in die Lebensinteressen unserer Art eingebunden. Die Evolution hat zu allen Zeiten unsere Chancen zur Fortpflanzung verbessert. Dies kann kein Zufall sein. Wir alle leben in unseren Nachkommen weiter.

Wir müssen mehr miteinander reden. Zu schweigen löst in den seltensten Fällen die anstehenden Probleme, und davon gibt es wahrlich genug. Zur Lösung von Problemen gehört auch Verzeihen. Verzeihen ist die Steigerungsform von Vertrauen.

Die Geschichte der Menschheit ist eine Geschichte von Fehlern und den Lehren, die daraus gezogen wurden und damit den Fortschritt begründeten. Ohne Fehler und deren Verzeihung gibt es keine Zukunft. Dies ist ein wesentlicher Grundpfeiler der christlichen Religion, deren Lehre mit der Vergebung der Sünden sich diese

Einsicht zu eigen macht.

Der ehemalige Staatspräsident von Israel, Schimon Peres, hat in seinem Vermächtnis die Erkenntnis hinterlassen, dass er, obwohl bekennender Träumer, zu wenig an die Erfüllung von Träumen geglaubt hat. Es wäre mehr möglich gewesen.

Dass der Mensch im Einklang mit der Natur leben kann, beweisen auch heute noch die Indianer im Amazonasgebiet. Ihre Lebensweise hat sich praktisch seit der Zeit, als die Welt überwiegend von Jägern und Sammlern bewohnt wurde, nicht geändert.

Sie sind noch nicht aus dem Paradies vertrieben worden.

Wissenschaftler haben festgestellt, dass ihre Lebensweise der Natur keinen Schaden zufügt.

Unsere Nachkommen werden es schwer haben, den Weg dahin zurückzufinden.

Danksagung

Ich danke meinem Bruder, Markus Seidel, der mir sehr bei der Überarbeitung des Buches geholfen hat, meinen Söhnen, Claas und Henning, für die Idee, meine ursprünglich eher zufällig gesammelten Quellen in einem Buch zu verarbeiten, meiner Frau Heike, die meine zahlreichen Ausführungen während des Schreibens geduldig und interessiert verfolgt hat und Sarah Rauland für die Hilfe beim Layout.

Quellenverzeichnis:

Woher kommen wir?
[1] Yuval Noah Hararai, „Homo Deus", S. 127-131
[2] Yuval Noah Harari „Eine kurze Geschichte der Menschheit", S. 72, 128, 133
[3] Yuval Noah Harari, „Homo Deus", S. 366

Wo stehen wir heute?
[1] Gerlinde Unverzagt, „Eltern an die Macht", S. 138

Brauchen wir noch Gesellschaft(en)?
[1] Werner Bartens, „Glücksmedizin", S. 151
[2] Yuval Noah Harari, „Eine kurze Geschichte der Menschheit", S. 448
[3] Heiko Ernst, Denkanstöße '98, S. 148

Wie alt werden wir?
[1] Spiegel 21. 06. 1982
[2] Angus Deaton, „Der große Ausbruch" S. 24, 47, 50, 53, 54, 59, 190

Welche Macht haben die Medien?
[1] Hans Leyendecker „Die große Gier", S. 244
[2] Michael Kopatz auf einer Lesung in Osnabrück am 15. 08. 2016

Brauchen wir Datenschutz?
[1] Jan Philipp Albrecht, „Finger weg von unseren Daten", S. 46/47
Wie moralisch sind wir noch?

[1] Ulrich Wickert, „Zeit zu Handeln", S. 84

[2] Hans Küng, „Anständig wirtschaften", S. 211

Welche Rolle spielt die Familie heute noch?
[1] Yuval Noah Harari, „Eine kurze Geschichte der Menschheit", S. 193
[2] *pro leben* 2014
[3] Torsten Milsch, „Mutti ist die Best(i)e", S. 63-73

4 Werner Bartens, „Glücksmedizin", S. 151

5 Werner Bartens, „Glücksmedizin", S. 152

6 Torsten Milsch, „Mutti ist die Best(i)e", S. 136

7 Matthias Matussek, „Die vaterlose Gesellschaft", S. 115

8 Matthias Matussek, „Die vaterlose Gesellschaft", S. 23

9 Matthias Matussek, „Die vaterlose Gesellschaft", S. 44

10 Matthias Matussek, „Die vaterlose Gesellschaft", S. 114

11 Torsten Milsch, „Mutti ist die Best(i)e", S. 138

12 Matthias Matussek, „Die vaterlose Gesellschaft", S. 17

13 Wolfgang Bosbach, „Endspurt", S. 85

14 „So nicht!", Beitrag in der Welt am Sonntag vom 26.02.2017

Welche Rolle spielt die Bildung?

1 Gerlinde Unverzagt, „Eltern an die Macht", S. 126

2 Alan Weisman, „Countdown", S. 285-288

3 Alan Weisman, „Countdown", S. 285-288

4 Friedrich Merz, „Nur wer sich ändert, wird bestehen", S. 84

5 Thilo Sarrazin, „Wunschdenken", S. 254

6 Thilo Sarrazin „Wunschdenken", S. 272-273

7 Reinhard Marx, „Das Kapital", S. 108

8 Gerlinde Unverzagt, „Eltern an die Macht", S. 111

9 Gerlinde Unverzagt, „Eltern an die Macht", S. 103

10 Matthias Horx „Das Buch des Wandels", S. 185

Wozu gibt es Grenzen zwischen Ländern?

1 Thilo Sarrazin, „Wunschdenken", S. 206/207

2 Thilo Sarrazin, „Wunschdenken", S. 295

3 Alan Weisman, „Countdown", S. 129

4 Frank Plasberg, „Der Inlandskorrespondent", S. 85

5 Thilo Sarrazin, „Wunschdenken", S. 307

„Was haben wir von der Politik zu erwarten?"

1 Thilo Sarrazin, „Wunschdenken", S. 307

2 Thilo Sarrazin, „Wunschdenken", S. 38-40

3 Alois Glück, „Warum wir uns ändern müssen", S. 58

4 Thilo Sarrazin, „Wunschdenken", S. 43-44

5 Friedrich Merz, „Nur wer sich ändert, wird bestehen", S. 136

[6] Jürgen Roth, „Spinnennetz der Macht", S. 21

Sollten wir Subventionen begrenzen?

[1] Jürgen Roth, „Spinnennetz der Macht", S. 21

[2] Richard Rickelmann, „Tödliche Ernte", S. 260

[3] Reinhard Marx, „Das Kapital" S. 279

[4] Reinhard Marx, „Das Kapital", S. 277

[5] Friedrich Merz, „Nur wer sich ändert, wird bestehen", S. 174

[6] Ulrich Wickert, „Gauner muss man Gauner nennen", S. 217

Wohlstand – geht da noch was?

[1] „Universitätsrede 2017" von Prof. Dr. Stefanie Engel am 26.01. 2017 in Osnabrück

[2] Angus Deaton, „Der große Ausbruch", S. 259

[3] Angus Deaton, „Der große Ausbruch", S. 225

Brauchen wir Wachstum?

[1] Meinhard Miegel, „Die deformierte Gesellschaft", S. 181

[2] Alan Weizman, „Countdown", S. 483

Sind wir satt?

[1] Richard Rickelmann, „Tödliche Ernte", S. 23

[2] Yuval Noah Harari, „Homo Deus", S. 15

[3] Alois Glück, „Warum wir uns ändern müssen", S. 56, 57

[4] Yuva Noah Harari, „Eine kurze Geschichte der Menschheit", S. 40

[5] Yuval Noah Harari, „Eine kurze Geschichte der Menschheit", S. 425

[6] Sven Plöger/Frank Böttcher, Klimafakten, S. 9/10

[7] Yuval Noah Harari, „Eine kurze Geschichte der Menschheit", S. 427

[8] Alan Weizman, „Countdown", S. 461

[9] Yuval Noah Harari, „Eine kurze Geschichte der Menschheit", S. 120/121

[10] Richard Rickelmann, „Tödliche Ernte", S. 170, 171, 174

[11] Alan Weisman, „Countdown", S. 58

[12] Richard Rickelmann, „Tödliche Ernte", S. 18

„Macht Geld glücklich?"

[1] Angus Deaton, „Der große Ausbruch", S. 38

[2] Karl Rabeder „Wer nichts hat, kann alles geben", S. 138

Zuviel Geld verdirbt den Charakter, Gier verdirbt unsere Gesellschaft
[1] Friedrich Merz, „Nur wer sich ändert, wird bestehen", S. 171
[2] „Welt" vom 21.08.2009
[3] Matthias Horx, „Das Buch des Wandels", S. 312, 314
[4] Jürgen Roth, „Spinnennetz der Macht", S. 9
[5] Michael Meier, „Das Ende der Behaglichkeit", S. 91, 92
[6] Michael Meier, „Ende der Behaglichkeit", S. 103
[7] Gabor Steingart, „Denkanstöße", S. 52
[8] Gabor Steingart, „Denkanstöße", S. 56
[9] Cornelia Stolze, „Denkanstöße 2016", S. 105
[10] Gabor Steingart, „Denkanstöße", S. 54

Der Preis des Aufstiegs
[1] Jürgen Todenhöfer, „Inside IS", S. 18
[2] Michael Maier, „Das Ende der Behaglichkeit", S. 126
[3] Reinhard Marx, „Das Kapital, S. 196
[4] Michael Maier, „Das Ende der Behaglichkeit", S. 38
[5] Reinhard Marx, „Das Kapital", S. 139
[6] Hans Küng „Anständig wirtschaften", S. 149

Wie lebt „Der Rest" der Welt?
[1] Meinhard Miegel, „Die deformierte Gesellschaft", S. 70, 72
[2] Thilo Sarrazin, „Wunschdenken, S. 348
[3] Hoimar von Ditfurth, „So lasst uns denn ein Apfelbäumchen pflanzen", S. 249
[4] Alan Weisman, „Countdown, S. 167

Folgen der Kolonialisierung
[1] Yuval Noah Harari, „Eine kurze Geschichte der Menschheit", S. 403-406

Nordafrika, Vorderasien und der Nahe Osten
[1] Michael Lüders, „Wer den Wind sät", S. 37-42
[2] Michael Lüders, „Wer den Wind sät", S. 25
[3] Michael Lüders, „Wer den Wind sät", S. 33

Warum geht es einigen Menschen besser als den meisten anderen auf der Welt?

[1] Daraon Acemoglu/James A. Robinson, „Warum Nationen scheitern", S. 91

Wie helfen wir den Entwicklungsländern?

[1] Angus Deaton, „Der große Ausbruch", S. 345

[2] Angus Deaton, „Der große Ausbruch", S. 346

[3] Angus Deaton, „Der große Ausbruch", S. 353-356

Wann geht das Licht aus?

[1] Sven Plöger/Frank Böttcher, Klimafakten, S. 10

[2] Alan Weisman, „Countdown", S. 199

[3] Yuval Noah Harari, „Homo Deus", S. 51

[4] Konrad Kleinknecht, „Denkanstöße 2008", S. 81

[5] Sven Plöger/Frank Böttcher, Klimafakten, S. 42/43

[6] Yuval Noah Harari, „Eine kurze Geschichte der Menschheit", S. 301

[7] Spektrum der Wissenschaft 3/12, S. 42

[8] Sven Plöger/Frank Böttcher, Klimafakten, S. 75-77

[9] Michael Kopatz in einer Lesung am 15. 08. 2016

[10] Thilo Sarrazin, „Wunschdenken", S. 92

[11] Sven Plöger/Frank Böttcher, Klimafakten, S. 70

[12] Sven Plöger/Frank Böttcher, Klimafakten, S. 71

Was kommt nach den fossilen Brennstoffen?

[1] S. 44, Franz Alt „Auf der Sonnenseite"

[2] Boris Palmer „Eine Stadt macht blau", S. 25

[3] Robert B. Laughlin, „Der Letzte macht das Licht aus", S. 114

[4] Thilo Sarrazin, „Wunschdenken", S. 337

[5] Boris Palmer, „Eine Stadt macht blau", S. 28

[6] www.oekosystem-erde.de

[7] Friedrich Merz, „Mehr Kapitalismus wagen", S. 85

[8] Franz Alt, „Auf der Sonnenseite", S. 152

[9] NOZ vom 13.08.2016

[10] Spektrum Spezial 3/12, S. 31

[11] Franz Alt, „Auf der Sonnenseite", S. 216

[12] Spektrum der Wissenschaft 3/12 S. 42

13 Spektrum der Wissenschaft 3/12, S. 50

14 Franz Alt, „Auf der Sonnenseite, S. 209

Welche Folgen hat der Lebenswandel der Menschen für Tiere und Pflanzen?

1 Richard Dawkins, „Der Gotteswahn", S. 193

2 Yuval Noah Harari, „Homo Deus", S. 102, 110, 112

3 Al Gore, „Wege zum Gleichgewicht", S. 38

4 Yuval Noah Harari, „Eine kurze Geschichte der Menschheit" S. 88, 90

5 Franz Alt, „Auf der Sonnenseite", S. 68

6 Hoimar von Ditfurth, „So lasst uns denn ein Apfelbäumchen pflanzen", S. 157

Wie entwickelt sich der gefürchtete CO2-Ausstoß?

1 Richard Rickelmann „Tödliche Ernte", S. 24

2 Alan Weisman, „Countdown", S. 58

3 Alan Weisman, „Countdown", S. 397

4 Jürgen Roth, „Spinnennetz der Macht", S. 52

5 Richard Rickelmann, „Tödliche Ernte", S. 26

6 Richard Rickelmann, „Tödliche Ernte", S. 92

7 Tilo Sarrazin, „Wunschdenken", S. 330-333

8 Sven Plöger/Frank Böttcher Klimafakten, S. 152/153

9 Boris Palmer, „Eine Stadt macht blau", S. 192

Können wir die Entstehung von Müll deutlich reduzieren?

1 Shia Su in ihrer Lesung am 16. 08. 2016 in Osnabrück

2 Hannes Jaenicke „Die große Volksverarsche", S. 25

3 Hannes Jaenicke „Die große Volksverarsche", S. 13

4 „Stern" vom 03.08.2010

5 Hannes Jaenicke „Die große Volksverarsche", S. 21

Wie verändert sich unser Klima?

1 Daraon Acemoglu/James A. Robinson, „Warum Nationen scheitern", S. 177/178

2 Sven Plöger/Frank Böttcher, Klimafakten, S. 88

3 Alan Weizman, „Countdown", S. 79, 80

4 Sven Plöger/Frank Böttcher Klima-Fakten, S. 102

[5] Sven Plöger/Frank Böttcher Klimafakten, S. 123/124

[6] Sven Plöger/Frank Böttcher Klimafakten, S. 144

[7] Sven Plöger, Frank Böttcher Klima Fakten, S. 135

[8] Sven Plöger, Frank Böttcher Klimafakten, S. 128

Brauchen wir Religionen?

[1] Heinrich Böll, „Eine Welt ohne Christus". In: Karlheinz Deschner, „Was halten Sie vom Christentum?", S. 21f.

[2] Gert Scobel, „Der Ausweg aus dem Fliegenglas", S. 243

[3] Reinhard Marx, „Das Kapital", S. 150

[4] Yuval Noah Hararai, „Homo Deus", S. 270

[5] Richard Dawkins, „Der Gotteswahn", S. 133, 327

[6] Ivonne Hofstetter, „Sie wissen alles", S. 117

[7] Ivonne Hofstetter, „Sie wissen alles", S. 117

Wie könnten Ansätze aussehen, nach denen sich die Religionen weiterentwickeln?

[1] Verena Eichle, „Die Grundgedanken des Buddhismus", S. 8

Was gibt es für Alternativen zur Religion?

1 Ulrich Wickert, „Gauner muss man Gauner nennen, S. 13

[2] Hans Küng, „Anständig wirtschaften", S. 134

[3] Hans Küng, „Anständig wirtschaften", S. 137

[4] Hans Küng, „Anständig wirtschaften", S. 140

[5] Thilo Sarrazin, „Wunschdenken", S. 238

Wie muss eine solche Weltordnung aussehen?

[1] Helmut Schmidt, „Religion in der Verantwortung", S. 169

[2] Jürgen Roth, Spinnennetz der Macht, S. 18/19

Geht es auch ohne Kapitalismus?

[1] Hannes Jaenicke, „Die große Volksverarsche", S. 107

Was bringt die Zukunft?

[1] Yuval Noah Harari, „Homo Deus", S. 385, 387

[2] Angus Deaton, „Der große Ausbruch", S. 417

[3] Yuval Noah Harari, „Eine kurze Geschichte der Menschheit", S.448
„Homo Deus", S. 31